LES FRANÇAISES

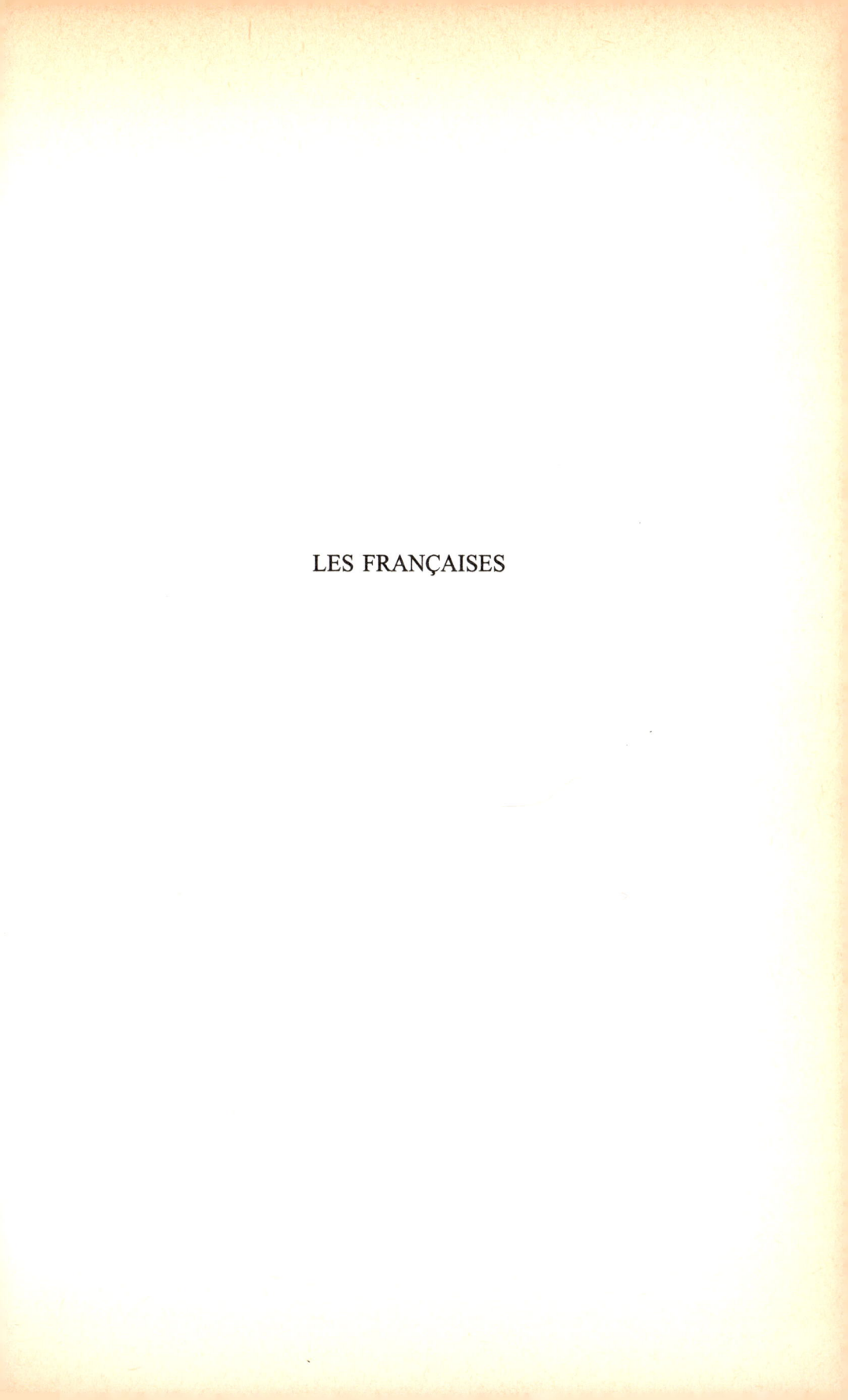

DU MÊME AUTEUR

Le Tout-Paris, Gallimard, 1952.
Nouveaux Portraits, Gallimard, 1954.
La Nouvelle Vague, Gallimard, 1958.
Si je mens..., Stock, 1972 ; LGF/Le Livre de Poche, 1973.
Une poignée d'eau, Robert Laffont, 1973.
La Comédie du pouvoir, Fayard ; LGF/Le Livre de Poche, 1979.
Ce que je crois, Grasset, 1978 ; LFG/Le Livre de Poche, 1979.
Une femme honorable, Fayard, 1981 ; LGF/Le Livre de Poche, 1982.
Le Bon Plaisir, Mazarine, 1983 ; LGF/Le Livre de Poche, 1984.
Christian Dior, Éditions du Regard, 1987.
Alma Mahler ou l'art d'être aimée, Robert Laffont, 1988 ; Presses-Pocket, 1989.
Écoutez-moi (avec Günter Grass), Maren Sell, 1988 ; Presses-Pocket, 1990.
Leçons particulières, Fayard, 1990 ; LGF/Le Livre de Poche, 1992.
Jenny Marx ou la Femme du Diable, Laffont, 1992 ; Feryane, 1992 ; Presses-Pocket, 1993.
Les Hommes et les Femmes (avec Bernard-Henri Lévy), Orban, 1993 ; LGF, 1994.
Le Journal d'une Parisienne, Seuil, 1994 ; coll. « Points », 1995.
Mon très cher amour..., Grasset, 1994 ; LGF, 1996.
Cosima la sublime, Fayard/Plon, 1996.
Chienne d'année : 1995, *Journal d'une Parisienne (vol. 2)*, Seuil, 1996.
Cœur de tigre, Fayard, 1995 ; Pocket, 1997.
Gais-z-et-contents : 1996, *Journal d'une Parisienne (vol. 3)*, Seuil, 1997.
Arthur ou le plaisir de vivre, Fayard, 1997.
Deux et deux font trois, Grasset, 1998.

Françoise Giroud

LES FRANÇAISES
De la Gauloise à la pilule

Fayard

© Librairie Arthème Fayard, 1999.

Cet ouvrage se compose de six parties :

I.	Un prologue, vue cavalière sur l'histoire des Françaises, de la Gauloise à la pilule	9
II.	Toutes les informations nécessaires pour savoir de qui on parle et de quoi on parle	91
III.	Une enquête de l'IFOP, accompagnée d'un sondage	127
IV.	Vingt portraits à bâtons rompus	197
V.	Une conclusion : ce qui a changé, ce qui peut encore changer	241
VI.	Des annexes	261

I

Prologue

DE LA GAULOISE A LA PILULE

Aussi loin que l'on remonte dans le temps, celles qui vont devenir les Françaises étaient petites et brunes. Tandis que les hommes chassaient, elles semaient des céréales, faisaient la cueillette, entretenaient le jardin, tissaient.

On ne sait quel jour de quel siècle les hommes comprirent qu'ils avaient leur part dans la fabrication des enfants. Ce fut un pur désastre. Jusque-là, les femmes allaient librement. Elles se retrouvèrent bouclées « à la maison ». Le risque qu'elles puissent donner vie à l'enfant d'un autre était intolérable. Il ne fut pas toléré.

Ainsi la femme est-elle devenue la propriété de l'homme. Son sort fut scellé. Il faudra plus de vingt-cinq siècles pour qu'il soit sérieusement remis en question.

On ne sait pas ce qui s'est au juste passé entre les petites habitantes brunes et les grands Celtes blonds quand ceux-ci envahirent la Gaule, mais l'empreinte celte n'est pas fortement restée sur la population. Les Françaises blondes sont souvent de fausses blondes. Déjà, après l'invasion celte, agacées sans doute par les grandes filles aux cheveux de lin qui accompagnaient l'envahisseur, elles se blondissaient avec de l'eau de chaux.

En ce temps-là, ils sont bons bougres, les Gaulois. Ils n'achètent pas de femmes. Quand celle qu'ils ont choisie apporte une dot, ils en doublent le montant, et s'ils meurent avant elle, lui laissent leur douaire. Ils sont sensibles aux douceurs de la vie conjugale, attachés à leurs enfants, généreux... Ils couvrent leur femme de bijoux.

Bien sûr, il y a les esclaves, maltraitées par les maîtres. Esclave, c'est le sort obligé des prisonniers de guerre et les Gaulois en font souvent, querelleurs comme ils sont, mais la Gauloise moyenne est une paysanne qui règne sur son petit domaine. Elle a inventé le village, le foie gras, le jambon fumé, et sa parole est écoutée.

Plutarque rapporte que des conseils de femmes se réunissent toutes les fois qu'il s'agit de paix ou de guerre. Leur arbitrage intervient lors de contestations avec les étrangers. Ainsi Hannibal, quand il traverse le midi de la Gaule, doit s'incliner devant les décisions de « conseils de femmes » concernant ses troupes et ses éléphants. Les hommes ont inventé la guerre, les femmes la politique.

L'occupation romaine va changer tout cela. Désormais, on pourra divorcer d'un oui ou d'un non, ce qui n'est pas dans les coutumes gauloises, et les hommes peuvent introduire au foyer une concubine légale. Rome, qui appelle les femmes l'*imbecillitatis sexus*, leur interdit le forum, l'administration, la magistrature, le barreau. Quelques figures de patriciennes qui voulurent se mêler des affaires de la Cité ne doivent pas aveugler. L'infériorité de la femme est un dogme qui va contaminer toute la Gaule et s'inscrire dans le droit privé français jusqu'au XXe siècle.

Et ce n'est pas saint Paul qui arrangera les choses !

De la femme gallo-romaine, on a quelques images telle qu'elle apparaît sur les stèles retrouvées. On la voit à côté de son époux, entourée de ses enfants. Il la tient par la main. Si elle dispose d'un rouleau ou de tablettes, c'est qu'elle s'est plu à l'étude des lettres et des arts. Si on la voit tenant une balance en même temps que son époux, c'est qu'elle s'est voulue associée au travail de celui-ci. Presque toujours, elle tient un miroir, un coffret à bijoux, un éventail, un peigne. Le drapé de sa tunique est gracieux, sa coiffure élaborée. Ainsi Tatininia, « Bordelaise aux grands yeux, à la bouche mutine, à la lourde chevelure relevée sur le sommet de la tête en une couronne de nattes superposées... ».

Chute de l'Empire romain, entrée des Francs en Gaule, long tissu de meurtres, d'incendies, de pillages, d'assassinats où s'illustrent de monstrueuses princesses franques comme Frédégonde et Brunehaut, tandis qu'une femme quelconque est estimée au prix d'une vache.

Dans le mariage, son consentement n'est pas nécessaire. Elle ne peut, sous peine de mort, quitter son mari. Mais le mari peut la répudier à volonté. La civilisation mérovingienne, époque sauvage, est la plus lamentable de notre histoire. La femme mérovingienne en est la première victime.

Au Ve siècle, les monastères se sont répandus. Quelques femmes y trouvent refuge. Là, au moins, elles sont instruites, sous l'autorité d'une abbesse qui est généralement une forte personne, alors que les écoles civiles de la Gaule ont disparu.

Mais toutes les femmes ne vont pas au couvent. Des centaines sont esclaves ou serves, travaillent dans des ateliers féminins de blanchisserie, de fabrication de peignes et de savon, de parfumerie ; elles sont cardeuses, fileuses, tisseuses.

L'Église est intervenue. Elle a interdit qu'on les tue, elle a recommandé leur affranchissement en échange de miséricordes alléchantes, elle a déclaré le mariage indissoluble. Si l'on vend plusieurs membres d'une famille d'esclaves, il est conseillé de les vendre ensemble.

Mais les Mérovingiens n'en font qu'à leur tête. Ils sont sur le déclin. Après Dagobert, mort d'avoir essayé l'une après l'autre toutes les femmes de sa cour, des princesses effrénées se substituent aux rois et même aux maires du palais. Les rois multiplient les épouses et les concubines. Un extrême désordre des mœurs atteint toute la société et transforme la vie conjugale en enfer.

Quand un adultère est découvert, c'est toujours la femme qui est tenue pour coupable. Qu'elle se défende et se dise injustement soupçonnée, on lui attache une grosse pierre au cou et on la jette dans un lac. Si elle flotte, elle est repêchée. Mais comment flotter ?

Vient la fin de ces temps sauvages. Voici Pépin le Bref, Berthe au grand pied et leur fils Karl, qui sera Charlemagne. Berthe est une forte personnalité, intelligente, ambitieuse, intimement mêlée à l'action de son mari, respectée par son fils. Charlemagne aimait les femmes.

De la Gauloise à la pilule

Il en eut énormément. Il les voulait instruites, enfin relativement, et a tenu à ce que celles de sa cour aient des notions de rhétorique, de grammaire, d'arithmétique, d'astronomie, le tout parfumé de théologie. Il les voulait belles, aussi, à moitié nues dans leurs robes de lin pourpre ou de tissu à dessins, chargées de perles. Dans tous ses déplacements, il emmène ses épouses, ses concubines et ses filles, dont il raffole.

Il a, grande novation, réglé les attributions de ses femmes en temps de paix. Elles ont été appelées à partager avec lui le gouvernement de sa maison et l'administration de ses domaines. Les intendantes des domaines royaux doivent obéir aux ordres de la reine, sans attendre ceux du roi. Comme la compétence des intendants est fort étendue, cela revient à instituer la participation des femmes au gouvernement de l'État. Hélas, il est plus difficile de changer les mœurs que les lois. Les historiens nous disent que cette institution ne dura pas.

Charlemagne interdit solennellement le divorce : il se veut évidemment le codificateur des canons de l'Église. Pour les femmes, c'est un léger progrès. Leur mari ne peut plus les jeter.

Après la mort de l'empereur, sous le règne de son fils Louis le Débonnaire (ou le Pieux), on assiste à un retour à la barbarie : princes qui s'arrachent les morceaux de l'empire. C'est sur cette toile de fond que surgit la femme la plus étonnante du temps, Judith, une Bavaroise. Elle est d'une rare beauté. Louis l'épouse, elle a un fils : Charles. À partir de quoi elle ne nourrit plus qu'une ambition : elle veut que Charles ait sa part dans l'héritage de Charlemagne, elle veut pour lui un royaume. Ce qu'elle a fait pour l'obtenir, des années durant, les coups qu'elle a donnés, ceux qu'elle a reçus, occuperait plusieurs pages. Elle a gagné. Elle a ouvert une faille gigantesque dans l'œuvre de Charlemagne. Quand Louis le Débonnaire disparaît, le royaume du fils de Judith (Charles le Chauve) est taillé. C'est ce qui deviendra la France. Ce jour-là, l'idée d'Europe est morte.

Aujourd'hui encore, on vous dira que les femmes ne sont pas fiables parce que, lorsqu'elles tombent amoureuses, elles ne se connaissent plus.

Au fil de l'Histoire, on observe que, parmi les femmes chargées de responsabilités, c'est plutôt l'amour maternel qui les a possédées, et quelquefois égarées. Nous rencontrerons ces mères éperdues dans la suite de ce récit.

On peut maintenant, parlant des femmes, dire les « Françaises ». Elles ne sont pas sorties du Moyen Âge, elles y sont même en plein pour encore deux siècles au moins de barbarie et de violence. Allons donc plus loin.

La féodalité, c'est-à-dire la prédominance d'une classe de guerriers, reconnaît à la Française une place jusque-là refusée : elle aura le droit de succéder à son mari au fief et de posséder des seigneuries.

Dès lors, l'évolution des Françaises nobles est assez spectaculaire. Souvent, le seigneur est à la guerre, ou en croisade. Alors, responsables du fief, les femmes prennent les manières du commandement. Elles sont

De la Gauloise à la pilule

fortes physiquement et, de toutes les façons, rompues depuis l'enfance à la chasse et aux exercices violents. Des « viragos », écrira un historien. Dès qu'un homme écrit au sujet de femmes qui s'émancipent, c'est tout de suite les gros mots ! Elles sont dures, certainement, ces femmes qui gouvernent un fief, et les anecdotes abondent sur ces rudes gaillardes.

Autre chose : le mari, s'il vend un bien, doit solliciter l'intervention de sa femme. Voilà du neuf.

Pour le reste, dès que le seigneur rentre à la maison, les bonnes habitudes reprennent. La femme se lève toujours devant lui. Ils vivent dans des bâtisses sans cloisons, partagent le même lit, assez vaste pour accueillir un visiteur, comme le veut la coutume. Elle passe des heures à sa toilette, en sort toute fardée, luxueusement vêtue, et se rend à l'église où un commentateur des textes sacrés lui rappelle ses devoirs.

C'est que les femmes ne sont pas faciles à garder obéissantes, modestes et chastes, elles ne gravissent pas aisément les chemins de la spiritualité, comme on les y engage, même si toutes ne s'y refusent pas.

L'idée communément partagée, c'est que, *par nature*, elles se soumettent à des hommes qui, *par nature*, décident et commandent. Aristote règne encore sur les esprits et les Pères de l'Église lui ont emboîté le pas. La femme est inquiète, capricieuse, inconstante, « comme la cire fondue toujours prête à prendre une forme nouvelle et à se modifier selon le sceau qui l'inspire ». L'accès à l'écriture et à la lecture est réservé à quelques religieuses et aux femmes de haut lignage. Leur parole est contrôlée pour la première fois dans l'Histoire. Ainsi l'a commandé saint Paul. Seule est honnête la communication privée. La parole de femme doit être exempte de toute dimension publique. Hormis par les oreilles de son mari, elle n'a pas à se faire entendre, quoi qu'elle ait à dire.

Si l'on en croit un écrivain de l'époque, toutes ces précautions n'empêchent pas les jeunes filles de pendre leur ceinture à la fenêtre pour que leurs amants y attachent lettres et cadeaux, ni de leur lancer un fil permettant de prendre les mesures pour fabriquer une échelle de corde.

Quid des troubadours ? De l'amour courtois ? Du chevalier soupirant aux genoux de la Dame inaccessible ?

Ce que j'en ai appris en lisant Georges Duby m'a enseigné que le savoir commun, sur ce point si important dans l'histoire des Françaises, était erroné. L'amour courtois n'est pas platonique. C'est d'abord un jeu, un jeu d'hommes. Le célibataire « blessé d'amour », c'est-à-dire en proie au désir, s'agenouille aux pieds de la Dame dans la posture du vassal. Ainsi lui fait-il don de lui-même. Si la Dame prête l'oreille et se laisse envelopper de paroles, elle lui accordera les faveurs qu'en échange elle lui doit. Mais ces faveurs, le code amoureux impose de les solliciter par étapes. Le rituel prescrit que la Dame accepte d'abord d'être embrassée, puis qu'elle offre ses lèvres, puis qu'elle s'abandonne à des tendresses de plus en plus appuyées ; ce qui échauffe le sang de l'amant. Mais, en toute dernière instance, la règle du jeu impose à celui-ci de ne pas se départir, s'il veut se montrer vaillant, d'une pleine maîtrise de son corps. Et il trouve là une forme sublime de jouissance de soi. Jusqu'à ce qu'enfin conclusion s'ensuive.

La pratique de l'amour courtois fut en premier lieu un critère de distinction dans la société masculine. Bientôt, la société de cour tout entière se mit à courtiser. Garder la souveraineté de l'individu sur son corps, c'est ce que les règles de l'amour courtois avaient mission d'apprendre aux hommes et aux femmes du beau monde. Les exercices de la « fine amour » dépouillèrent d'une forte part de leur grossièreté le comportement des mâles. Les hommes qui se voulaient policés durent reconnaître qu'une femme n'est pas seulement un corps dont on s'empare, mais qu'il convient de s'assurer de son bon vouloir, de prendre en compte l'intelligence, la sensibilité particulière de l'être féminin. Ainsi la culture chevaleresque va affirmer son autonomie face à la culture des prêtres.

Georges Duby, à qui j'ai emprunté toutes ces notations, écrit que « par les chansons, par les récits, les modèles culturels forgés dans les milieux aristocratiques s'infiltrèrent de degré en degré jusque dans les couches les plus profondes de la formation sociale. Ainsi les rapports entre le masculin et le féminin prirent dans la société d'Occident une tournure singulière. Aujourd'hui encore, en dépit du bouleversement des relations entre les sexes, les traits qui dérivent de l'amour courtois sont de ceux par quoi notre civilisation se distingue le plus abruptement des autres ».

Donc, c'est en pays occitan que se manifestèrent les premiers ces hommes « à la bouche de miel », sachant parler d'amour avant que de le faire. Après quoi, la cour d'amour de Paris deviendra célèbre et aura des succursales, notamment à Amiens, Arras, Valenciennes, Tournai, etc.

Le sentiment est désormais libre de s'exprimer.

Peut-on dire que toutes les Françaises se sont mises à porter un regard neuf sur l'amour ? Oui, même si le mouvement a été évidemment progressif. Dans la seconde moitié du XIIe siècle, une femme poète, la première de notre littérature, Marie de France, trace un vers qui a défié les siècles : « *Ni vous sans moi ni moi sans vous.* »

Laissons les incroyables aventures conjugales de Philippe Auguste, sa deuxième épouse, Ingeburge, tenue captive pendant neuf ans parce qu'elle refusait de divorcer. Irréductible. Il finit par la reprendre. Ce sera la reine de Bouvines.

Après Philippe, c'est son fils Louis VIII qui règne brièvement, vite emporté par la dysenterie. Sur son lit de mort, il déclare que « son successeur, avec le royaume et ses autres enfants mineurs, devront être jusqu'à leur majorité sous le bail [en la garde] de la reine Blanche », sa femme.

C'est donc elle, Blanche de Castille, qui va gouverner la France.

Une grande reine. Elle conduit des armées comme un vieux chef de guerre, mène une politique digne d'un diplomate roué, fait mourir d'amour Thibaud de Champagne, l'un des grands féodaux, et le mène ainsi par le bout du nez. D'autre part, elle est amoureuse de son fils. Même, on peut dire qu'elle en est folle.

Quand ce fils, Louis IX, arrive à la majorité, Blanche rend des comptes de sa régence. Ils sont positifs. Le domaine royal s'est agrandi, les grands vassaux sont réduits par les armes, tout ce qu'il demeurait de turbulent dans le royaume a été envoyé en croisade, le clergé a été tenu en respect. Tout cela est bel et bon, mais il faut marier Louis : un roi de France ne peut rester célibataire. Et, à cette perspective, Blanche croit perdre l'esprit.

Louis épouse une petite Marguerite, fille du comte de Provence. Blanche la hait. Elle ne supporte pas que les deux époux se touchent. Elle exige qu'ils fassent chambre séparée. Si bien qu'ils finissent par se rencontrer subrepticement... dans l'escalier. Ils réussiront quand même à faire de la sorte onze enfants.

Ce qu'il restait à Blanche de bon sens lui commanda de se retirer dans une abbaye plutôt que de se frotter tous les jours à l'objet de sa douleur. Mère abusive, elle fut odieuse, mais rarement la France aura été gouvernée de façon plus avisée.

Égrener tous les siècles serait un peu long. Posons seulement quelques points de repère dans l'évolution des Françaises et de leur condition.

Au XIIIe siècle, ce que toutes les Françaises ont en commun, c'est l'absence d'instruction, y compris la plus élémentaire. Pour le reste, elles se divisent en classes sociales : la noblesse, qui n'a plus le pouvoir des seigneurs souverains d'autrefois ; la bourgeoisie, classe nouvelle qui se hisse progressivement au premier plan ; les commerçants et artisans qui comptent énormément de femmes faisant tous les métiers (il y a même des maçonnes et des chirurgiennes) ; enfin les vilains, les paysans, de loin les plus nombreux.

La bourgeoisie se pousse. Certaines familles ont fini par se trouver plus riches que de grands seigneurs. Bientôt, « on jaugera la nouvelle splendeur de leur état à la place que leurs femmes auront acquise dans la société[1] ». Splendeur des vêtements, des bijoux, des fourrures, des intérieurs, de la table — c'est au point que Philippe le Bel interdit l'or, l'argent, les pierres précieuses aux bourgeoises qui n'auront droit, de surcroît, qu'à une seule robe. L'étalage du luxe bourgeois a porté ombrage à la reine, sa femme. Mais ces interdits ne seront pas respectés.

Qu'est-ce qu'une bourgeoise française ? Souvent une jolie femme qui va fardée, poudrée, teinte en blond, seins à demi nus, lèvres closes — ses dents sont le plus souvent gâtées. Mais encore ? Hélas, aucune d'elles n'a laissé de Mémoires, de lettres. C'est toujours le problème quand il s'agit des femmes : on ne possède pas leur parole. On ne sait pas comment elles ont vécu leur état, leur temps.

Les hommes, en revanche, ont beaucoup parlé d'elles en parlant d'eux. Des furies... Se marier est une folie. On épouse une blonde fraîche et on se retrouve avec une

---

1. Alain Decaux, *Histoire des Françaises*, Librairie académique Perrin, 1998.

créature « courbée et tripeuse ». C'est bavard comme une horloge qui ne s'arrête jamais de bruire et de sonner, ça parle haut, ça réclame des robes et encore des robes, parce que, comme on dirait aujourd'hui, ça n'a « rien à se mettre », etc., etc.

Cette vision « bourgeoise » du mariage, rapportée par des écrits de l'époque, ressemble furieusement, il faut bien le dire, au discours masculin répandu par le théâtre et une certaine littérature jusqu'au XXe siècle compris. On a même fait rire, avec ça.

En matière de droits, la Française roturière n'est pas mieux lotie que la Française noble. Elle dépend entièrement de son mari.

Mais, en ce temps-là, et pour un bon moment encore, neuf Françaises sur dix sont des paysannes. Et elles ne connaissent que la misère. La paysanne partage tout avec son mari qui ne possède rien. Tous deux n'ont que leurs mains pour travailler. Et une part du produit de leur travail appartient au seigneur. Sur la condition paysanne, lire Michelet, indigné.

Au village, pour se distraire, les vilains ont les fêtes religieuses, les belles histoires de l'Ancien Testament que leur raconte le curé. Lequel est parfois marié, mais on ne lui en veut pas. Les vilains aiment l'Église. Selon Alain Decaux, « jamais Dieu n'a été si proche des hommes » que dans les campagnes. Proche des femmes, surtout.

Mais, chez les paysans affranchis du servage et dotés de franchises, la vilaine prend part dans les villages aux assemblées d'habitants ainsi qu'aux réunions primaires des élections aux États généraux. La Dame du château, elle, n'en est pas là.

Un mot des prostituées : interdites depuis toujours, présentes depuis toujours. Charlemagne, Louis le Débonnaire, Saint Louis s'y sont cassé les dents avant même Mme de Gaulle. Persécutées, taxées, traquées, parquées, elles traversent tous les temps.

Un mot aussi de ce qui privera pour toujours les Françaises d'accéder au trône de France. C'est une entourloupe de Philippe V le Long, qui le convoitait alors que l'héritière de la Couronne aurait dû être une petite Jeanne. Mais il s'est fait sacrer à Reims et a persuadé ses partisans de déclarer que « les femmes ne succèdent pas à la Couronne de France ». Prétexte : une loi vieille du Ve siècle qui régissait les envahisseurs germains, la fameuse loi salique. Il n'était pourtant pas question, à l'époque, de la Couronne de France ! Le chroniqueur Froissart exprime sa satisfaction : « Le royaume de France est si noble qu'il ne peut aller à femelle. »

C'est pourtant une « femelle » qui, cent ans plus tard, le sauvera : Jeanne d'Arc. Entre-temps, les Valois ont succédé aux Capétiens, les calamités aux calamités, la guerre de Cent Ans a poursuivi ses ravages, la guerre civile aussi, avec les prétentions anglaises, l'antagonisme entre Armagnacs et Bourguignons...

Arrêtons-nous un instant sur quelques Françaises de premier plan qui ont tenu les fils du pouvoir en ce temps-là.

De la Gauloise à la pilule

L'une, reine mauvaise, remarquable par la cohorte de ses amants, son obésité prématurée et sa débauche de luxe, Isabeau de Bavière, justifie tous les préjugés contre les femmes. Présidente du Conseil de Régence après la mort de Charles VI, elle renie son fils et reconnaît le roi d'Angleterre comme régent de France et héritier du royaume. C'est l'ancêtre des « collaborationnistes ». Elle est la mère du futur Charles VII, le petit roi de Bourges.

L'autre femme, admirable, Yolande d'Aragon, aime Charles VII, qu'elle a connu enfant, comme une mère. Outre ses biens, elle met à son service son sens politique, son énergie, cette détermination qui manque tant au malheureux petit roi. Elle va le tenir à bout de bras pendant des années. Enfin, « elle profita de son abattement pour lui arracher l'ordre de faire venir la Pucelle... Elle a forcé les résistances du Roi irrésolu, elle a obtenu que Jeanne soit interrogée par les conseillers du Roi, puis par les gens d'Église[1] ».

La jeune fille de Domrémy qui, à dix-sept ans, se déclare chargée par Dieu de sauver la France... Quand elle se présente devant le roi, à Chinon, elle montre tant d'aisance, d'assurance, de confiance dans la mission qu'elle croit avoir reçue, qu'elle est irrésistible. On lui fait seulement passer l'examen de virginité avant de décider qu'elle conduira les troupes royales devant Orléans. C'est Yolande d'Aragon qui dirigera les préparatifs et rassemblera les ressources nécessaires.

---

1. Henri Michel.

Droite sur son cheval blanc, Jeanne délivre Orléans, les villes tombent devant elle ; elle persuade Charles VII de se faire sacrer à Reims pour prendre de vitesse le roi d'Angleterre. « Est exécuté le plaisir de Dieu. »

La Champagne, cédée par l'Angleterre au duc de Bourgogne, est encore à prendre. Le roi veut négocier. Jeanne veut faire place nette ; politiquement, elle aura raison ; le duc va trahir.

Mais, à partir de ce moment, elle gêne. On lui présente une autre visionnaire, Catherine de La Rochelle, dont les prédictions sont toutes en faveur des Bourguignons, alliés des Anglais. Jeanne, méprisante, l'invite à « aller faire son ménage et s'occuper de ses enfants ».

Elle poursuit le combat à la tête de sa compagnie, mais, sur la chaussée de Noyon, elle reçoit une flèche. La blessure est si cruelle qu'elle se met à pleurer. Quand on veut lui porter secours, elle arrache la flèche en disant : « Ce n'est pas du sang qui sort de cette plaie, c'est de la gloire. »

La voici prisonnière. Ses geôliers l'obligent à quitter son habit d'homme et elle se sent nue, exposée. Encore une fois, on vérifie qu'elle est vierge. Sinon, ce serait signe qu'elle est une créature du Diable. Les minutes de son procès sont extraordinaires. Pas une question à laquelle elle ne réponde avec une intelligence, un sang-froid, une hauteur admirables. Jeanne est sublime.

Quand elle monte sur le bûcher, le bourreau constate que les fagots sont tressés trop haut pour qu'il puisse s'y hisser et atteindre le cou de Jeanne afin de l'étrangler avant que les flammes ne la lèchent, comme c'est la coutume. Jeanne grillera donc vive. À dix-huit ans.

De la Gauloise à la pilule

Yolande d'Aragon, occupée à délivrer Charles VII de ses mauvais génies pour qu'il parachève l'œuvre de Jeanne, vivra assez longtemps pour voir « la France réconciliée, Paris délivré, l'Anglais refoulé en Normandie et en Guyenne, l'autorité royale rétablie, la prospérité renaissante ». Dans tout cela elle a sa part. Curieusement, elle n'est pas connue, ou guère.

Autre point de repère : au XVe siècle, Anne de Beaujeu, fille aînée de Louis XI, caractère de fer comme son père, qui exerça la régence du royaume pendant sept ans avec son mari, Pierre de Beaujeu. Grâce à son intelligence et à ses manigances, quand elle disparaît, tout le littoral occidental du royaume, depuis les Flandres jusqu'à Bayonne, est français. L'ancienne Gaule est ressuscitée. La Bretagne lui est rattachée par le mariage d'Anne de Bretagne avec Louis XII.

Cette deuxième Anne est plutôt du genre doux, mais elle sera la première reine à faire venir nombre de femmes à la cour. Mieux : elle confie à une femme une charge traditionnellement réservée à un homme, celle de premier chambellan. Cette pionnière s'appelait Hélène de Laval.

Anne déplorait l'ignorance des femmes et essayait de les éduquer. Elle avait un petit côté « Maintenon » un peu agaçant, mais elle était bonne pour ses sœurs.

Le pays s'est alors beaucoup enrichi par le travail de l'industrie. Gonflées par les guerres, les fortunes bourgeoises se sont accrues, certaines démesurément. Le luxe est ostentatoire. Les censeurs ecclésiastiques poussent des cris — en vain. Dans les campagnes dépeuplées depuis que les paysans ont fui la guerre, les seigneurs ont fait appel à des communautés étrangères, allemandes, italiennes, espagnoles. Les Bretons sont venus eux aussi en masse. La condition paysanne a beaucoup changé. On procède à des affranchissements massifs. Les salaires sont plus élevés. Le mouvement est amorcé qui conduira à la petite propriété.

Partout les mœurs sont débridées, la licence générale, « mais tempérée par la fréquentation quotidienne de la mort ». C'est aussi le temps des maniaques de la pureté, celui de sainte Colette de Corbie, laquelle a une horreur physique de tout ce qui est pollué ou polluant : « Cela commence aux crapauds et va jusqu'aux femmes qui ont été souillées par le contact ignoble du mâle[1]. » Une chose que des Américaines seraient capables de dire aujourd'hui, mais c'est une autre histoire...

Venons-en à une femme époustouflante, Louise de Savoie, la mère de François Ier. Dès ses vingt ans, elle a un objectif, une ambition, une obsession : mettre son fils sur le trône de France. Elle n'a aucune bonne raison d'y parvenir. Pour que ce vœu se réalise, il faudrait que tous les héritiers de Louis XII en ligne directe, déjà nés ou à venir, disparaissent. Sauf erreur, cela fait six garçons qui ont le bon goût de trépasser de bonne heure. Voilà François héritier du trône. Louise exulte. Judith, Blanche, Yolande : Louise est de la grande lignée des mères frénétiques.

---

1. Alain Decaux, *op. cit.*

De la Gauloise à la pilule

Or, au cours des fêtes où sont célébrées les fiançailles de François avec la princesse Claude (fille de Louis XII et d'Anne de Bretagne), Louise, qui approche de la trentaine, tombe amoureuse d'un jeune homme de seize ans, Charles de Bourbon, qui sera plus tard connétable. Il est fraîchement marié. Louise est saisie par la passion. Ce n'est pas une oie blanche. Depuis qu'elle est veuve, c'est-à-dire quelque vingt ans, elle a eu des amants. Mais celui-là, elle y tient, elle y tient énormément ! Scandale ? Où est le scandale ? Dans la différence d'âge. Il faut voir comment certains chroniqueurs du temps parlent de Louise de Savoie : une guenon, violemment sensuelle. Ils ne la supportent pas, ils éructent.

Louise s'en moque bien. Dans l'immédiat, elle a d'autres soucis. François est en péril. Louis XII s'est remarié à cinquante-deux ans avec la sœur du roi d'Angleterre, Mary, dix-huit ans — et là, personne ne s'offusque de la différence d'âge. Si le couple a un enfant, adieu la Couronne de France ! Louis XII meurt. Mary se déclare enceinte, grossit à vue d'œil. Louise, perspicace, demande un examen. Et c'est un coussin que l'on trouve sous les jupes de la petite Anglaise trop futée.

Ouf ! Cette fois, François Ier est proclamé roi.

Il va régner. Louise, que l'on appelle désormais « Madame », assure le quotidien du gouvernement, tout ce qui l'ennuie, lui. Quand il part pour la guerre, sa mère est officiellement régente et se montre un grand roi. Mais elle n'a pas renoncé à Bourbon. Quand celui-ci se retrouve veuf, elle décide de l'épouser.

Mais Bourbon oppose à sa demande un refus insultant. Alors Louise se déchaîne. Elle lui fait procès à propos de biens parfaitement légitimes. C'est une amoureuse bafouée qui a littéralement jeté le connétable de Bourbon dans les bras de Charles Quint.

La régente, en revanche, ne perd pas ses moyens. C'est elle qui lance, après le désastre de Pavie : « Le Roi est prisonnier, mais la France est libre. » Le Parlement montre les dents ? Louise le fait taire. Paris fermente ? Louise tue l'insurrection dans l'œuf. Partout des bandes d'irréguliers menacent la paix publique ? Louise en fait des soldats réguliers. Le royaume est sans défense ? Louise rapatrie ce qu'il reste de l'armée d'Italie. Un agent de Charles Quint ne peut s'empêcher d'admirer : « Ne fussent son autorité et son sens, les choses de ce royaume ne se porteraient si bien qu'elles vont[1]. » Son chef-d'œuvre : détacher Henri VIII d'Angleterre de la cause de Charles Quint.

Plus tard, elle négociera avec Marguerite d'Autriche les bases d'une paix durable. Ce sera le traité de Cambrai, autrement appelé la « Paix des dames ».

Louise de Savoie est morte de la peste à cinquante-trois ans. On ne cesse, aujourd'hui encore, de lui reprocher Bourbon. Mais a-t-on jamais reproché aux rois de France leurs délires amoureux et les désastres qui en ont parfois résulté ? Louise m'inspire une autre remarque : comme Blanche de Castille, elle a « fait » son fils, l'a ensemencé, a nourri ses rêves, a transféré sur ce fils les ambitions qu'elle-même ne pouvait avoir et lui a permis de les réaliser.

---

1. Cité par Alain Decaux, *op. cit.*

De la Gauloise à la pilule

Ces mères qui misent tout sur leur fils et qui gagnent, il y en a toujours eu, ailleurs que parmi les princesses, dans toutes les classes de la société française. La fameuse expression « se saigner aux quatre veines » est faite pour nombre d'entre elles. Ou je me trompe fort, ce qui est possible, ou elles sont moins nombreuses aujourd'hui, parce qu'elles ont la faculté de nourrir une ambition personnelle, de prendre elles-mêmes l'« ascenseur social ».

C'est l'un des changements que je crois observer et qu'il est impossible de mesurer par sondage.

Pourquoi parler tant de princesses alors qu'elles n'ont en rien été représentatives des Françaises ? Précisément. Elles n'ont pas subi les contraintes de leurs contemporaines, et cela leur a permis d'illustrer ce dont les Françaises sont capables.

Mais, en même temps, comment ne pas voir qu'elles n'ont jamais eu à conquérir leur place au soleil, que le pouvoir leur est échu sans qu'elles aient eu à le prendre ? Disons seulement qu'elles ont su s'en servir. Sans que les préjugés bougent d'un iota.

Singulière, vers la fin du Moyen Âge, Christine de Pisan, Vénitienne qui écrit en français. Son père, astrologue, a été mandé au Louvre par Charles V. Elle l'a accompagné. Elle fait un mariage heureux, mais perd bientôt et son protecteur, le roi, et son mari. La voici veuve à vingt-six ans, mère de trois enfants, et pauvre.

Seulette suis et seulette veux être
Seulette m'a mon doux ami laissée
Seulette, sans compagnon ni maître
Seulette suis dolente et courroucée
Seulette suis plus que nulle égarée
Seulette suis sans amour demeurée...

Elle est, fait exceptionnel, aussi savante qu'un docteur — donc qu'un homme — et décide de tirer parti de ses connaissances. Elle écrit. Son premier recueil a l'heur de plaire au roi Philippe le Hardi, qui la récompense généreusement, comme c'est l'usage. Elle vit de sa plume, mal, mais elle en vit.

Meurt le roi. Christine est très seule, écrasée par les soucis d'argent. Mais elle se bat. Comme un homme. Irritée par le succès du *Roman de la Rose* où l'auteur, Jean de Meung, affirme, parmi quelques gaillardises, qu'« une femme honnête est aussi rare qu'un cygne noir », elle lui répond. Dans une série de trois ouvrages, elle traite de la « question de femmes ». À Jean de Meung elle fait rentrer ses affirmations dans la gorge.

Plus tard, Henri V d'Angleterre, qui l'admire, l'invite à s'établir à Londres, mais elle préfère un monastère. C'est là qu'elle apprend la grande nouvelle : une jeune fille est arrivée de Lorraine « pour bouter l'Anglais hors de France ». Christine reprend sa plume et dédie à Jeanne d'Arc un long poème ; ce sera sa dernière œuvre.

Christine de Pisan est un cas unique. Douée, sans aucun doute, mais d'abord instruite.

De la Gauloise à la pilule

Avec la Renaissance, c'est la beauté des Françaises que l'on va célébrer, comme une manifestation sensible du divin. Les poètes se multiplient, faisant monter vers les jeunes grâces un nuage d'encens qu'elles accueillent, pâmées. Jamais la gloire des femmes ne fut davantage chantée. Ce qui n'empêche pas les hommes de les battre. Françoise de Chateaubriant, l'une des maîtresses de François Ier, recevait des raclées de son mari et en serait même, disent certains, morte. Quand, d'aventure, c'est un homme qui se plaint d'avoir été battu par sa femme, il doit, pour sa plus grande honte, défiler dans la ville, juché tête-bêche sur un âne.

Donc les femmes — du moins celles de haut lignage — sont les déesses du temps. Les artistes italiens appelés par François Ier chantent, à travers Éros, la gloire du corps féminin. Chacune se soucie de ce corps pour en préserver la jeunesse ; Diane de Poitiers en prenant des douches glacées.

On veut toujours les filles vierges jusqu'au mariage, souvent précoce, mais, ensuite, il n'est rien qu'elles ne se permettent, l'adultère en tout cas. La licence est partout.

Certaines poussent même l'insolence jusqu'à porter le deuil de leur amant. La reine Margot, par exemple. La liberté sexuelle est entière, mais c'est avant tout celle des hommes. Haro sur les filles qui ont « le ventre enflé ».

La bourgeoisie ne suit pas le mouvement. Elle n'en est plus à l'abstinence recommandée par l'Église, mais à l'amour conjugal obligatoire.

Cependant, quelque chose est né dans les hautes classes qui est sans prix et va apposer son sceau sur la culture française : la *conversation*. Entre hommes et femmes, veux-je dire. À la cour, dans les salons, on brille par le verbe et par l'esprit, on a quelque chose à échanger, à apprendre. On se découvre l'un l'autre dans son étrangeté ; les grossièretés de langage sont exclues. Un peu de respect se glisse là-dedans. C'est une révolution. Une révolution par le haut, qui ne touche pas la bourgeoisie d'argent, violemment antiféministe — elle le restera jusqu'au XIXe siècle inclus —, et moins encore les artisanes et les paysannes.

La situation des artisanes s'est aggravée. Elles sont exclues de certains métiers. Dans les corporations, tous les pouvoirs leur sont déniés. Leur salaire équivaut aux deux cinquièmes de celui des hommes. Se manifeste de façon évidente la volonté de reléguer dans une condition inférieure la femme qui travaille.

Les Françaises de la Renaissance arborent donc un triple visage. D'ailleurs, plus d'une sur deux est encore incapable de signer. Seule égalité entre elles : le changement de mœurs ne s'est pas accompagné d'une levée de la tutelle masculine, l'épouse reste *in manu mariti* (dans la main du mari) comme une mineure : il peut la frapper, la faire emprisonner, la mettre au couvent.

Quelques hautes figures ont marqué les XVe, XVIe, XVIIe siècles.

D'abord Catherine de Médicis, mère idolâtre elle aussi. Elle a été la première à monter à cheval en enjambant l'arçon pour pouvoir galoper. Situation délicate quand on monte sans culotte — la culotte était encore inconnue et le restera longtemps. Alors Catherine inventa le port du caleçon. Et toutes les belles écuyères de la cour l'imitèrent.

Épouse d'Henri II, elle a supporté en serrant les dents la domination totale de son mari par Diane de Poitiers. Le jour même de la mort du roi, elle a expédié *illico* celle qu'elle appelait « la Poitiers » en exil dans son château.

Régente à l'avènement de son deuxième fils, Charles IX, Catherine fut un véritable chef d'État, mais avec les mains pleines de sang. La Saint-Barthélemy, c'est elle.

Elle eut des initiatives politiques plus pacifiques : par exemple, elle avait formé un « escadron volant », composé de trois cents jeunes filles employées à séduire qui elle voulait amadouer et retenir. La reine emmenait quelques pièces de son escadron dans ses déplacements.

Très brune, avec un nez fort, des yeux saillants mais un air d'intelligence répandu sur le visage, le célèbre portrait de Clouet la montre avenante, avec une gorge blanche et pleine. L'ennui est qu'elle était goinfre, de sorte qu'au fil des années elle devint un énorme tas de chair.

Plus tard, on trouve Mme de Rambouillet, souveraine en son salon, ce haut lieu de civilisation. Selon Saint-Simon, ce qu'on appelait la « Chambre bleue », couleur de ladite pièce, « était le rendez-vous de tout ce qui était distingué en condition et en mérite, un tribunal avec qui il fallait compter ».

La marquise de Rambouillet va faire des émules à travers toute la France. C'est là, dans les « ruelles » et les salons, que les femmes de la noblesse vont apprendre ce que la famille, l'école et le couvent leur ont laissé ignorer : le vaste monde de la culture. « Les salons sont des lieux éminemment pédagogiques, et ils le sont doublement, parce que en s'y formant, les femmes y forment les hommes, ces matérialistes, ces passéistes qui les jugent suffisamment instruites quand elles savent distinguer le lit de leur mari d'un autre[1]. »

Les grands seigneurs fréquentent chez la marquise de Rambouillet, mais les poètes et les savants aussi. Ne sont exigées par l'hôtesse que la politesse et l'intelligence. Ces salons iront en se multipliant au cours des années. Ils disparurent avec la Fronde, mais pour renaître plus tard.

Nous sommes en des siècles où une femme qui écrit déroge à sa naissance. De sorte que Mme de La Fayette n'avouera jamais qu'elle est l'auteur de *La Princesse de Clèves*, que les lettres de Mme de Sévigné circulent de main en main, mais pas dans les boutiques de libraire. C'est miracle que les battements de leur cœur soient venus jusqu'à nous.

Symbole de l'ébullition qui règne parmi les femmes de l'aristocratie et qui en agite une turbulente poignée, la duchesse de Longueville, âme de la Fronde. Le personnage mérite qu'on s'y attarde. Il est emblématique d'une génération. Elle a seize ans, elle est d'une beauté qui chavire les cœurs lorsque son père, le prince de Condé, lui choisit un mari, un veuf de quarante-sept ans. Il s'agit

---

[1]. Claude Dulong.

De la Gauloise à la pilule

du duc de Longueville, le plus grand seigneur après les princes du sang. Anne ne l'aimera jamais. Les galants ne lui manquent pas. L'un d'eux, le prince de Marcillac, est plus connu aujourd'hui sous le nom de La Rochefoucauld. Elle lui écrit bientôt : « Je vivrai et je mourrai avec vous. » Ils se sont découvert des ressemblances, « le goût des grandes actions, de tous les raffinements aussi. Le besoin de chasser par un dévergondage de l'imagination l'ennui qui les glaçait si souvent[1] ».

Si Anne aime à la passion Marcillac, c'est parce qu'il a fait vibrer en elle une corde qu'elle se méconnaissait : le désir de gloire. La Fronde sera son instrument. À peine les premiers troubles ont-ils éclaté dans Paris, le complot dont elle est l'étoile et qui réunit quelques grands noms se révèle. Par chance, le mari en fait partie : il déteste Mazarin.

Les insurgés se cassent les dents sur le rusé cardinal qui les abreuve de promesses. Condé, Conti, Longueville sont incarcérés à Vincennes. La duchesse, convoquée par Anne d'Autriche, régente, s'enfuit en Normandie avec Marcillac. Mazarin envoie sept cents hommes à sa poursuite. Elle s'échappe par mer, réussit à gagner les Pays-Bas, s'installe à Stenay, près de la Meuse, qui devient le foyer de la résistance à la cour.

La Fronde des princes paraît éteinte, les mutins sont libérés, Longueville invite fermement sa femme à rejoindre l'un de ses châteaux. Au lieu de quoi, Anne de Longueville décide de ranimer la guerre civile. Le beau,

---

1. Alain Decaux, *op. cit.*

si l'on peut dire, vu le nombre des morts, c'est qu'elle y parvient, entraînant le prince de Conti, son frère, avec lequel elle « tiendra » Bordeaux.

Elle est alors enceinte jusqu'aux yeux, mais ne s'en préoccupe guère. L'enfant, en ce siècle, n'a pas la valeur que le nôtre lui accorde. On en perd un sur deux en bas âge, un sur quatre avant vingt ans. Et il est interdit aux femmes enceintes de paraître à la cour.

La guerre civile se déchaîne à travers le royaume. On sait que la deuxième Fronde connaîtra la déconfiture. Assommée, la duchesse de Longueville se réfugie dans la foi. Commentaire ultérieur de Louis XIV : « Étrange femme qui a trouvé le moyen de faire du bruit tout en faisant son salut, et de se sauver sur une même planche de l'enfer et de l'ennui. »

Elle avait eu cette belle formule : « Je n'aime pas les plaisirs innocents. »

C'est une autre femme, Anne d'Autriche, qui a eu raison des frondeuses et des frondeurs. Il faut en dire un mot. Elle a été d'un grand poids et d'une réelle beauté blonde, ce qui ne gâche rien. Jusqu'à quarante ans, cette princesse espagnole baisse la tête devant un Richelieu odieux qui la traite comme une moins que rien. Louis XIII le soutient en tous points. Anne se tait et endure. Mais voici que ces deux messieurs meurent à quelques mois de distance. Louis XIV a quatre ans. Sa mère devient régente. L'heure est venue de prendre les affaires en main, et elles sont chaudes, car le pays s'ébroue, il rue, débarrassé du Cardinal.

La France a à peine eu le temps de reprendre son souffle depuis les guerres de Religion terminées par

De la Gauloise à la pilule

Henri IV. « Au nom de la Vierge Marie, au nom de la messe en français, on s'est pillé, violé, entr'égorgé[1]. » À présent, Anne d'Autriche fait la guerre tout court. Les armées françaises triomphent des Espagnols à Rocroi ; par deux traités, avec Mazarin, elle assure à la France les principales villes d'Alsace et la possession définitive des Trois-Évêchés. La Maison d'Autriche est abaissée, la France agrandie.

Initiée par le Parlement, nourrie des vanités blessées de quelques féodaux, la Fronde a été embrasée par des femmes avides de s'affirmer, soulevées par une aspiration éperdue à la liberté. Outre la duchesse de Longueville déjà nommée, la duchesse de Chevreuse, la duchesse de Montpensier, la Grande Mademoiselle, cousine germaine du Roi. Redoutable somme d'énergies, de courage, de génie dans l'intrigue...

Ces femmes sont en fait les premières Françaises libres d'une liberté qu'elles ont elles-mêmes arrachée au mépris des conventions, de leur mari et de leur entourage. Elles font ce qu'elles veulent.

Anne d'Autriche est dotée d'un Premier ministre habile, roué, mais peureux : Mazarin. Toutes les preuves sont là : le courage, le sang-froid, c'est elle qui les a. En toutes circonstances, d'ailleurs. Elle en fera la démonstration pendant la Fronde et au-delà, jusqu'à ce qu'elle remette les clés du royaume au jeune Louis XIV.

---

1. Alain Decaux, *op. cit.*

S'agissant des femmes, la première partie du Grand Siècle a été favorable à la furieuse tentative d'émancipation des Françaises de l'aristocratie, mais, bientôt, la situation se dégrade. Louis XIV met les féodaux au pas et confie les responsabilités à la bourgeoisie. Foin de l'émancipation (on ne parle pas encore de libération) !

Que dit le bourgeois en la matière ? Un homme de génie va l'exprimer à travers ses personnages, en même temps qu'il fait rire aux dépens des femmes : c'est Molière.

Le bourgeois, c'est Arnolphe, dans *L'École des femmes*, décrivant sa future épouse :

Je veux qu'elle soit d'une ignorance extrême
Et c'est assez pour elle, à vous en bien parler,
De savoir prier Dieu, m'aimer et filer.

C'est Chrysale, dans *Les Femmes savantes*, qui « vit de bonne soupe et non de beau langage ». La seule femme qui ait du bon sens, c'est la servante Martine, selon qui « la poule ne doit pas chanter avant le coq... ». Et c'est avec une volupté maligne que Molière caricature les « précieuses », ces féministes, autres insurgées qui recommandent aux filles de refuser le mariage et prônent l'instruction. Malheureusement, leurs écrits ne furent pas à la hauteur de leurs vues.

Louis XIV, c'est l'étouffoir pour les Françaises. Elles n'ont plus droit qu'à une ambition : se glisser dans le lit du roi où il y a beaucoup de passage.

Je n'ai rien contre les putains, royales ou pas, d'autant plus qu'à l'origine elles sont rarement gâtées par la vie. Mais la source de leur pouvoir est invariable. À

De la Gauloise à la pilule

Louis XV qui lui disait, parlant de la Du Barry : « Elle m'a donné des plaisirs nouveaux », Noailles répondit : « On voit que vous n'êtes jamais allé au bordel, Sire ! »

Ninon de Lenclos est d'une autre trempe. Elle se fit payer aussi longtemps qu'elle en eut besoin, pas davantage. Sitôt fortune acquise, elle n'écouta plus que son désir et son plaisir. « Mon Dieu, priait-elle, faites de moi un honnête homme, mais n'en faites jamais une honnête femme ! » Les historiettes sur elle pullulent. Elle était libre, indépendante, spirituelle. Mise à l'écart de la bonne société qui ne la recevait que pour l'entendre chanter de sa voix d'or, elle a vécu entourée d'hommes et fut désirée jusqu'à quatre-vingts ans révolus. Pendant ce temps-là, la triste Maintenon faisait la police dans le lit du roi.

On ne peut pas quitter ce siècle sans évoquer les religieuses de Port-Royal et Mme Guyon, qui eurent tant d'influence en une période traversée par les passions religieuses.

Port-Royal, d'abord : c'est le foyer du jansénisme — du nom de l'un de ses initiateurs, le Hollandais Jansénius. Évêque d'Ypres, théologien, il a donné une nouvelle interprétation de la doctrine de saint Augustin sur la grâce dans son ouvrage publié après sa mort. Il écrit : « La vie parfaite, c'est-à-dire la vie de pénitence, est la seule voie de salut hors du petit groupe des élus ou des prédestinés. Le reste de l'humanité n'est qu'une masse en perdition vouée à la damnation éternelle. »

Jansénius est à contre-courant du jésuitisme mondain qui règne alors sur la cour et la ville, et qui pratique ce qu'on appellerait aujourd'hui le laxisme aux termes d'une politique délibérée d'« entrisme » dans la société. S'agissant de la grâce, les jésuites professent que Dieu veut le salut de tous et donne à chacun une grâce suffisante pour accepter les Commandements, pouvoir dont chacun use en bien ou en mal. C'est cette *grâce suffisante* qui hérisse les jansénistes pour lesquels on n'agit jamais sans une *grâce efficace* qu'il faut mériter par une obéissance totale et permanente aux commandements de Dieu.

Ce débat sur la grâce et le salut va prendre des proportions inouïes tout au long du siècle. Les femmes sont les premières touchées par l'austère beauté du jansénisme. L'une d'elles, Angélique Arnauld (la Mère Angélique), abbesse de Port-Royal, réforme de fond en comble — à l'âge de dix-huit ans ! — le monastère où la sœur de Pascal vient prendre le voile. Elle rétablit en particulier la clôture.

Au milieu de ses frères Robert et Antoine Arnauld, avec Saint-Cyran, Pierre Nicole, Mère Angélique sera l'âme du mouvement, rejoint par une recrue de choix, Pascal lui-même. On appelle ces Messieurs de Port-Royal « les Solitaires ».

Le jansénisme fait des adeptes et se développe au milieu de polémiques théologiques infinies sous l'œil agacé de Mazarin, puis sous celui, impérieux, du jeune Louis XIV. À peine au pouvoir, il a déclaré : « Il faut exterminer le jansénisme. » Une voix terrible répond aux jésuites : celle de Pascal.

À l'instigation de celui qu'on appelle « le Grand Arnauld », Robert, il a pris la plume pour entrer à son tour dans la polémique, et lance la première de ses fameuses lettres, dites *Provinciales*. Vont se succéder dix-neuf brûlots où il fustige les jésuites corrupteurs et dénonce leur casuistique. C'est le premier chef-d'œuvre de la prose française classique. Les *Provinciales* sont publiées d'abord sans nom d'auteur et diffusées illégalement : Rome les met bientôt à l'Index. Elles provoquent un véritable séisme. Selon le mot de François Mauriac, « Pascal ébranle le corps le plus puissant de la Chrétienté ».

Dans un libelle, le révérend père Brisacier traite les religieuses de Port-Royal de « vierges folles désespérées, impénitentes, sacramentaires, incommuniantes, phantastiques ».

À la demande de Louis XIV auquel il ne peut rien refuser, le pape Clément VII, triste, lance une bulle de condamnation contre l'*Augustinus*. Les évêques souscrivent à l'ordre venu de Rome. Il convient de dénoncer les cinq propositions de Jansénius énoncées dans son livre, et d'affirmer que cette doctrine n'est pas celle de saint Augustin.

Il n'est pas certain que les religieuses de Port-Royal aient toutes lu Jansénius, ni même saint Augustin. Mais la question n'est pas là. Ce à quoi on veut les obliger, c'est à signer un formulaire par lequel elles renient leur façon de vivre leur foi.

Louis XIV emploie les grands moyens. Le 26 août 1664, l'archevêque de Paris, accompagné de deux cents hommes en armes, pénètre au monastère de Port-Royal des Champs et fait enlever douze religieuses, parmi lesquelles l'abbesse, Mère Agnès, qui a succédé à sa sœur Angélique. Ordre est donné de renvoyer les novices et les pensionnaires. Les portes et les fenêtres du couvent sont murées, les religieuses capturées embarquées chacune dans un carrosse et dispersées dans d'autres couvents où elles seront mises au secret.

Et puis, il faut qu'elles signent le fameux formulaire. Le jeune Bossuet se casse les dents sur Mère Agnès. Jacqueline Pascal aussi refuse de signer. Elle refusera toujours, même lorsque « le Grand Arnauld » s'y sera résigné. Elle écrit : « Je sais bien que ce n'est pas à des filles de défendre la vérité, mais, puisque les évêques ont des courages de filles, les filles doivent avoir des courages d'évêques. »

Reste une poignée de religieuses âgées dans le monastère de Port-Royal des Champs, ce havre de sérénité et d'exigeante méditation que fréquentent Racine et Pascal, où Mme de Sévigné s'émerveille, où un quarteron d'aristocrates vient se ressourcer.

Après une violente querelle autour de la déclaration de dix-neuf prélats attestant que la doctrine exposée par quatre évêques est celle de l'Église de France, le jansénisme apparaît au roi comme un véritable péril. On négocie de tous côtés pour que la paix revienne entre clans antagonistes. Il y a alors une sorte de trêve. Mais une déclaration de l'évêque d'Angers interdisant dans son diocèse la signature du formulaire remet le feu aux poudres.

Alors Louis XIV en a assez. Assez de cette « secte » dont le chef demeure invisible et qui gouverne secrètement la moitié des esprits ! Il déteste ce lien que les religieuses conservent entre elles et les grandes familles dont elles sont issues. Aussi va-t-on leur enlever leurs confesseurs et leurs directeurs de conscience. Les postulantes sont chassées, les pensionnaires des Petites Écoles rendues à leur famille. C'est l'agonie de Port-Royal. Nicole et Arnauld sont en fuite, dans les Flandres. Les derniers survivants parmi les Solitaires sont embastillés. Le lieutenant de police d'Argenson, à la tête de trois cents archers, se charge d'évacuer Port-Royal des Champs.

La dernière victoire de Louis XIV, dont les troupes reculent dans le même temps sur tous les fronts, sera donc d'avoir obligé une religieuse de quatre-vingt-six ans à abjurer sa croyance.

Jusqu'au bout, deux autres refuseront de signer le formulaire.

Quant à l'abbaye, elle a été détruite, à l'exception de l'église.

En même temps ou presque, une petite bourgeoise de Montargis, Mme Guyon, sème l'enthousiasme, dans toutes les villes de France où elle passe, par ses conférences. Elle prêche le quiétisme, l'attitude passive et confiante de l'âme, l'indifférence au salut, l'abandon à Dieu, la pure extase.

Mme Guyon s'est cousu sur le ventre un papier portant le nom de Jésus. Elle se croit destinée à être « la mère d'un grand peuple ». Tout cela fait beaucoup de bruit. Son comparse, un religieux, le Père La Combe, est mis en prison, Mme Guyon envoyée dans un couvent. Qui la sort de là ? Mme de Maintenon, qui l'autorise à faire des conférences aux jeunes filles de Saint-Cyr. Mme Guyon a une éloquence certaine, elle leur tourne la tête, mieux : elle tourne celle de leur confesseur, le plus brillant des jeunes évêques français, Fénelon. On finit par éloigner Mme Guyon et par éloigner Fénelon, remplacé par Bossuet. Les deux évêques, le quiétiste et l'orthodoxe, croiseront le fer pendant des années, jusqu'à la disgrâce de Fénelon. Mme Guyon sera exilée à Blois chez l'une de ses filles. Le quiétisme s'éteindra, faute de combattants.

Où l'on voit que frondeuses, précieuses, religieuses ou mystiques, les Françaises du XVIIe siècle ont été, pour une bonne part, des battantes.

Citons encore les Cévenoles après la révocation de l'Édit de Nantes. Les dragons sont chargés de mettre au pas les paysans huguenots pour les obliger à aller à la messe. L'insurrection éclate. Les villageois sont brûlés, les familles massacrées ; les femmes qui soutiennent la résistance sont jetées en prison. Elles n'ont qu'un mot à dire pour être libérées : elles s'y refusent, se taisent, enfermées pendant des années dans des conditions abominables.

De la Gauloise à la pilule

Ainsi, au milieu du XVIIe siècle, on a assisté à quelque chose de neuf : le courant des frondeuses a littéralement emporté l'aristocratie féminine : « Même si le groupe social auquel elles appartiennent ne représente qu'un faible pourcentage de la population, son influence est considérable. Les femmes qui choisissent la liberté dans l'amour — et quelle liberté ! — ne le font pas seulement pour obéir à leurs passions. Elles se veulent en rupture avec une société dont elles rejettent les interdits. Des femmes veulent restaurer la foi et elles la restaurent, elles veulent réformer la langue et elles la réforment, elles veulent accéder à la scène et elles y accèdent[1]. »

On a vu combien ce triomphe fut éphémère. C'est qu'il y a eu pour les Françaises un avant-Maintenon et un après-Maintenon. Avant, les grandes dames balancent du chrétien au païen, elles prient mais elles couchent. Puis la Maintenon entame une réforme des mœurs qui va substituer l'hypocrisie, dénoncée par Saint-Simon, à la liberté. À l'actif de la dame, cependant : elle veut instruire les jeunes filles, et s'y emploie.

Les femmes libres du milieu du siècle sont rentrées dans le rang. La loi est toujours aussi dure : une femme battue ou que l'on veut cloîtrer de force s'expose toujours à une intervention policière pour la faire taire et obéir. Mais, maintenant, les pouvoirs publics réagissent mollement. Il n'y a plus de respect pour l'autorité. Les catastrophes militaires, politiques, écologiques — les terribles famines — l'ont sapée. On ose flétrir publique-

---

1. Alain Decaux, *op. cit.*

ment la personne même du roi. Fénelon lui écrit : « Votre peuple meurt de faim. La France n'est plus qu'un hôpital désolé et sans provisions. »

Louis XIV meurt haï en 1715. Lui succède son neveu Philippe d'Orléans, le Régent.

Là, il faut lire les lettres de la Palatine (duchesse d'Orléans, née princesse Palatine, veuve de Monsieur et mère du Régent). Elle sait voir et elle sait écrire. En 1719, on peut lire sous sa plume : « Je m'étonne que la France entière ne soit pas engloutie comme Sodome et Gomorrhe : car on ne peut se faire une idée de toutes les horreurs qui se commettent ici. » Et encore ceci : « Les femmes sont trop effrontées, surtout celles de grande naissance. Elles sont pires que celles des mauvais lieux. »

Licence déployée, débauche insensée, la Régence est pourrie à la tête. Le Régent est un homme brillant, mais sans retenue dans ses vices. Sous le règne finissant de Louis XIV, on se cachait ; sous le Régent, on ne dissimule plus rien. Il y a comme une ostentation de l'immoralité. L'aristocratie suit l'exemple venu d'en haut, et aussi la grande bourgeoisie.

Dans le même temps, la Régence est le berceau d'une prise de pouvoir avec la naissance de la « femme du monde ». Une expression obsolète aujourd'hui, mais qui va recouvrir pendant des décennies une réalité bien vivante.

Qu'est-ce donc qu'une « femme du monde » ? Longtemps, tout a découlé de la cour. Maintenant, il n'y a plus de cour. Le Régent n'en veut pas. Où se réunir ? À

De la Gauloise à la pilule

Paris, dans de multiples cours, chez de multiples femmes autour desquelles va s'ordonner la vie sociale. C'est cela qui compose « le Monde ». Quand une nouvelle cour surgira à Versailles avec Louis XV, « le Monde » continuera à vivre et, avec lui, les « femmes du monde ». Il y aura la cour et la ville. Vont ainsi éclore les grands salons qui s'épanouiront au XVIIIe siècle. De nouveau les femmes — y compris les bourgeoises — vont avoir l'occasion de briller non par leur naissance, non pas seulement par un tabouret de duchesse, mais par leur esprit. Une vraie conquête.

Il va de soi que l'ensemble de la population féminine n'est pas même effleurée par cette conquête. Ni les paysannes, toujours les plus nombreuses, ni les artisanes aux doigts de fées, blanchisseuses, brodeuses, coiffeuses, couturières et tant d'autres, ni les ouvrières qui commencent à peupler les manufactures — Casanova parle de celles qu'il fait travailler en même temps qu'il en use d'autre façon —, ni les domestiques que toutes les maisons, aristocratiques ou bourgeoises, emploient en abondance. Les conquêtes des femmes partent toujours d'en haut.

Cependant, une espèce étroite mais inattendue va naître dans le sillage des frondeuses : les directrices de journaux. Journaux parfois éphémères, car il n'est pas facile de les faire vivre — outre qu'il leur faut l'autorisation du mari. Elles sont généralement féministes, avec plus ou moins de fougue. L'une d'elles, Mme de Beaumer, fut la première à vouloir imposer les termes d'« autrice » et de « rédactrice » pour parler d'elles. Elles eurent de l'audace, des ennuis, mais allèrent de l'avant, convaincues que les femmes étaient prêtes à faire une percée sur le plan social et intellectuel.

À la cour, c'est la Pompadour qui règne, sur les sens mais aussi sur le cœur et l'esprit de Louis XV. Elle aura cessé depuis longtemps d'être sa maîtresse qu'elle restera sa très chère amie — ce qui n'est pas d'une sotte — et en prise directe sur les affaires de l'État.

C'est une très jolie personne, « mal née » — elle se nomme Jeanne Poisson, son père sert d'homme de paille dans des affaires frauduleuses —, mais elle a été élevée comme une fille du monde et ses manières sont excellentes. Son style aussi, comme celui de toutes les femmes un peu instruites du siècle, qui écrivent une langue ravissante. Pourquoi cela s'est-il perdu après tant de décennies d'instruction obligatoire ? Mystère...

« La Pompadour répand ses faveurs et les grâces du Roi sur le monde des artistes[1]. » Elle intervient dans toutes les décisions, fait et défait les ministres, initie une politique de rapprochement avec l'Autriche. Au jeu périlleux du renversement des alliances, elle perd, et la France avec elle. S'ensuivra la guerre de Sept Ans contre l'Angleterre et la Prusse, qui coûtera des centaines de milliers d'hommes et bon nombre de défaites. Les historiens imputent en particulier à la Pompadour d'avoir nommé à la tête des armées des « généraux de salon ». C'est à elle qu'écrivent les chefs militaires, c'est elle qui approuve ou désapprouve les plans de combat.

---

1. Les frères Goncourt.

De la Gauloise à la pilule

Tout cela se termine mal : Choiseul, son protégé, négocie un traité humiliant. Il n'y a pas d'autre issue. Le peuple gronde, le Parlement entre en rébellion, libelles et injures se multiplient ; quand on reconnaît son carrosse dans la rue, on injurie la Pompadour. Quelle popularité Louis XV eût alors retrouvée s'il l'avait chassée ! écrit Alain Decaux. Il ne l'a pas fait.

La Pompadour est malade, très malade. Elle meurt à Versailles à quarante-trois ans. Celle qui lui succédera dans l'ordre des favorites n'a pas la même dimension. C'est Jeanne Bécu, belle aux longs cheveux blonds, plus connue sous le nom de Du Barry. Elle s'est frottée à beaucoup d'hommes, il lui en est venu une sorte d'éducation, y compris au lit. Louis XV, vieux roi détesté, la couvre d'or et de diamants. Il aime l'entendre rire. Elle n'est pas bien intéressante, mais restera dans l'Histoire pour son dernier mot, celui que, « horripilée de peur », elle prononça en 1793 sur l'échafaud : « Encore une minute, monsieur le bourreau. »

Mais n'anticipons pas.

Jusqu'à la Révolution, la France sera considérée par les étrangers — et par beaucoup d'illustres Français eux-mêmes — comme le lieu du bonheur de vivre. Et elle le doit aux femmes : « La France est le pays des femmes », écrit l'Anglais David Hume.

La vie intellectuelle est intense et se reflète dans les salons. L'esprit de Fontenelle pétille chez Mme de Tencin, Voltaire lance ses traits chez Mme du Deffand où fréquentent Diderot et d'Alembert, ou encore chez sa chère Émilie, Mme du Châtelet ; on rencontre Jean-Jacques Rousseau et Grimm chez Mme d'Épinay. Cotés encore, le salon de Mme Geoffrin, celui de Mme Helvétius, celui de Mme Necker où une adolescente prodige, qui s'appellera plus tard Germaine de Staël, se produit. Ce qui frappe l'étranger qui a le bonheur d'y être introduit, c'est la politesse française, un raffinement inédit, une familiarité aisée, la grâce des mœurs, cette chose inconnue ailleurs : le « métissage » entre les hommes et les femmes. Montesquieu l'écrit : « Il est heureux de vivre dans ces climats qui permettent qu'on communique, où le sexe qui a le plus d'agrément semble parer la société et où les femmes, se réservant au plaisir d'un seul, servent encore à l'amusement de tous. »

Parmi tant de voix qui se font alors entendre, une seule est discordante : celle de Rousseau. Lui, prêche l'enfermement de la femme, la subordination, l'instruction sommaire. On connaît son credo : c'est la nature qui est bonne, que l'homme a trahie. Or la femme, pour des raisons biologiques, et d'abord la maternité, est moins « dénaturée » que l'homme. Qu'elle le demeure et exerce dans ce sens sa volonté. Qu'elle substitue une dépendance voulue à une dépendance subie pour atteindre avec l'homme une relation éblouissante.

Il faut se méfier des philosophes. Celui-ci n'a pas eu de relations plus éblouissantes avec les femmes que Marx avec la classe ouvrière.

Mais cela n'empêche pas de parler, et de bien parler. L'effet que Rousseau produit avec son hymne à la nature est fulgurant. Il va tout simplement faire découvrir aux femmes de son temps le *sentiment de maternité*. L'allaitement devient une mode. Une attention toute nouvelle est portée aux enfants. C'est une révolution et elle va durer. Une personne aussi posée que Mme Roland s'écrie : « Toute femme est meilleure après l'avoir lu. » Et elle se met à allaiter son bébé. L'ardente révolutionnaire Olympe de Gouges déclare que Rousseau est l'« ami des femmes ». Même Mme de Staël lui est favorable.

Ce qui s'est passé là est en tous points remarquable, et l'influence de Rousseau s'exercera bien au-delà de son siècle.

Que fut la Révolution dans la vie des Françaises et que furent les Françaises dans la Révolution ? Pour répondre, il faudrait tout un livre que je ne saurais écrire après Michelet. Sans compter que, sur bien des aspects, les historiens divergent.

À période extraordinaire, femmes extraordinaires : il y en eut beaucoup, présentes dans l'effervescence de toutes les grandes journées, et qui périrent parfois sous la Terreur. Pendant les douze mois que celle-ci dura, d'avril 1793 à juillet 1794, trois cent soixante-quatorze femmes furent exécutées à Paris — une centaine d'ouvrières, un quart d'aristocrates, vingt-huit servantes, vingt-huit religieuses. Exécutées aussi, quelque deux cents femmes en province.

Quelques figures parmi d'autres : Claire Lacombe, extrémiste, terroriste, alliée aux Enragés (l'un d'eux est son amant), suscitant avec son club de femmes la hargne des milieux populaires quand elle tente d'imposer le port de la cocarde aux dames de la Halle ; elle se retrouvera en prison. Il y a des Claire Lacombe dans toutes les révolutions, « ultras » que l'on abandonne bientôt au bord de la route...

Le féminisme aura d'autres visages, plus gracieux. Ainsi celui d'Olympe de Gouges, révolutionnaire fort modérée. Bâtarde de Louis XV, dit-elle, à moins qu'elle n'ait inventé cette bâtardise plutôt que d'assumer son père officiel, boucher à Montauban. Comme d'autres « femmes de la Révolution » qui ont fait parler d'elles, c'est donc une marginale, un peu légère, mal insérée socialement, dont l'audace, l'originalité, l'ambition trouvent dans la période révolutionnaire un exceptionnel terrain de jeu.

Née Marie Gouze, Olympe a transformé son nom et elle est montée à Paris, lâchant son mari, pour y chercher la gloire à travers une frénétique activité littéraire et théâtrale mal récompensée. Elle écrit à tout le monde : à Mirabeau, à La Fayette, au roi. Elle interpelle l'Assemblée constituante, publie brochure sur brochure, donne des conseils à tous, et pas les plus mauvais, sur la façon dont il convient de conduire la Révolution. Indomptable agitation de plume.

Mais... Mais « Olympe de Gouges a fondé le droit des femmes par un mot juste et sublime », rappelle Michelet. Ce mot : « Elles ont bien le droit de monter à la tribune, puisqu'elles ont celui de monter à l'échafaud. »

C'est plus qu'un mot. C'est tout l'esprit d'une brochure extraordinaire, dédiée à la reine en 1791, et intitulée *Déclaration des droits de la femme et de la citoyenne*. Dix-sept articles précédés par un préambule inspiré de la Déclaration des droits de l'homme proclamée en 1789. Texte d'un féminisme violent, voire arrogant, en tout cas intégral.

Olympe de Gouges ne nourrissait pas d'illusions sur l'accueil qu'elle recevrait : « À la lecture de ce bizarre écrit, je vois s'élever contre moi les tartuffes, les bégueules, le clergé et toute la séquelle infernale », écrit-elle.

Téméraire, sinon inconsciente, quand la Révolution ne va plus comme elle veut, que l'on fait procès au roi, elle se propose pour le défendre, envoie une lettre d'insultes à Robespierre. Elle y laissera sa tête.

Son nom figure dans un document curieux, un *Hommage aux plus jolies et vertueuses filles de Paris et nomenclature de la classe la moins nombreuse*. Les plus jolies sont cent quarante-neuf, dont Olympe...

Autre féministe, superbe, Théroigne de Méricourt. Lamartine l'a exaltée, Baudelaire l'a chantée :

> *Avez-vous vu Théroigne amante du carnage*
> *Excitant à l'assaut un peuple sans souliers,*
> *La joue et l'œil en feu, jouant son personnage*
> *Et montant, sabre au poing, les royaux escaliers ?*

La belle, la courageuse, la populaire amazone, tunique écarlate et panache noir, écrit dans ses *Confessions* : « J'ai toujours été extrêmement humiliée de la servitude et des préjugés sous lesquels l'orgueil des hommes tient mon sexe opprimé. »

Le 20 juin 1792, quand la foule s'élance de la Bastille pour envahir les Tuileries et obliger le roi à coiffer le bonnet phrygien, l'un des trois corps d'émeutiers est composé de femmes et d'enfants qui suivent, dit Lamartine, « une belle jeune femme vêtue en homme, un sabre à la main, un fusil sur l'épaule et assise sur un canon tiré par des ouvriers aux bras nus ». Ce capitaine de trente ans, c'est Théroigne.

Plus tard, résolue à former, pour la guerre, une compagnie d'amazones, de femmes armées, elle tente d'entraîner par un discours enfiévré les citoyennes du faubourg Saint-Antoine. Mais, le lendemain, la presse l'accusera de se mettre en avant « pour porter le trouble au sein des ménages paisibles et pour inspirer le dégoût des soins domestiques ».

Elle connaîtra une fin horrible. Battue par un groupe d'hommes qui l'ont saisie alors qu'elle marchait seule aux Tuileries, fouettée jupes relevées, Théroigne est devenue folle.

À l'opposé de ces marginales flamboyantes, comme de la très aristocratique Sophie de Condorcet, Mme Roland est l'incarnation même de la bourgeoisie révolutionnaire.

Son père était maître graveur. Fort pieuse, elle passa un an au couvent chez les Dames de la Congrégation mais, de lecture en lecture — Diderot, d'Alembert, Helvétius —, perdit la foi.

Elle est très jolie, d'une beauté « qui procède du peuple, écrit Michelet, cela se voyait aisément à un certain éclat de sang et de carnation qu'on a beaucoup moins dans les classes élevées ».

Elle lit beaucoup, elle est pure, elle est calme, toujours « reine d'elle-même ». Elle a épousé un homme de vingt ans plus âgé qu'elle. Et elle n'est pas féministe. Les

De la Gauloise à la pilule

sociétés de femmes la rebutent plutôt, elle n'y participe guère, ne se sent pas partie de la communauté des femmes, surtout les plus bruyantes. « Je ne crois pas, écrit-elle en avril 1791, dans ses *Mémoires*, que nos mœurs permettent encore aux femmes de se montrer ; elles doivent inspirer le bien, le nourrir, enflammer les sentiments utiles à la patrie, mais non paraître concourir à l'œuvre politique. » Tout est dans ce « paraître ». Car Manon Roland sera par deux fois ministre de l'Intérieur, autant sinon plus que son mari, le Girondin Jean-Marie Roland. Et la tête politique du couple, c'est elle. « Les mesures que nous prenons... », écrit-elle.

Elle est à l'intérieur de la machine du pouvoir. La stratégie de la Gironde se détermine dans son salon, pour ne pas dire qu'*elle* la détermine.

Après les massacres de septembre 1793, que Danton a pour le moins laissé perpétrer, elle le fait attaquer à la Convention, et il lance : « Nous avons besoin de ministres qui voient par d'autres yeux que ceux de leur femme ! » Manon ne pardonnera pas. D'ailleurs, elle hait Danton d'une haine épidermique, et on a pu écrire que les fautes accumulées ensuite par les Girondins, les fautes commises par Roland lui-même découlent en partie de cette haine.

C'est par François Buzot qu'elle a fait attaquer Danton. Buzot est le Girondin que, depuis peu, elle aime. Elle a trente-six ans, l'âge « où, commençant à craindre que les charmes se perdent, on serait bien aise de laisser moins inutile ce qu'il en reste si une telle disposition s'accordait avec le devoir ». Parlant de son mariage, elle dit : « Personne moins que moi n'a connu la volupté. »

57

Buzot a six ans de moins qu'elle. Elle est éprise autant qu'on peut l'être. Lui aussi, apparemment.

Droite, elle en a informé son mari, mais sans lui livrer le nom de l'aimé. Sans Buzot, sans le désir ardent de le voir chaque jour, les Roland se seraient sans doute retirés dans leur propriété, près de Lyon, quand la menace contre les Girondins s'est précisée. Mais Manon n'a pas voulu partir et...

Elle marchera à l'échafaud, souriante, en tenant la main de son mari. Buzot, lui, s'est suicidé avant d'être à son tour arrêté.

L'exécution de Mme Roland, la proscription des Girondins marquent la fin du romantisme révolutionnaire avec ce qu'il a charrié de jeunesse, de charme, d'enthousiasme.

Les troupes françaises ont dû évacuer la Belgique et reculent partout. En Vendée, les paysans attaquent. C'est la guerre civile, la contre-révolution.

Cette contre-révolution a eu elle aussi ses femmes anonymes. Michelet leur prête un rôle majeur dans la guerre de Vendée. « Toute l'œuvre des ténèbres, écrit-il, s'est accomplie dans l'intime, la profonde entente de la femme et du prêtre. » Et l'homme ? Le paysan vendéen n'avait-il rien à dire ? « La femme, c'est la maison, c'est le lit, l'influence toute-puissante des habitudes conjugales, la force invincible des soupirs et des pleurs sur l'oreiller... » Et c'est le prêtre qui inspire la femme.

On dira que l'analyse est un peu courte pour expliquer le soulèvement vendéen, et que l'alliance des groupes sociaux doit bien y être pour quelque chose. Partout, ce qui a cimenté la Révolution, c'est l'alliance bourgeoispaysans contre la féodalité. En Vendée, la bourgeoisie est coupée des campagnes où s'est formé un bloc paysans-seigneurs. C'est l'une des explications... Mais peu importe ici. Le texte de Michelet est admirable. Son cœur y bat à grands coups pour ces femmes aveuglées par les prêtres, elles aussi folles de courage...

En 1793, Charlotte Corday surgit, archange de la mort, pour délivrer la Révolution de Marat. « Cette figure large et basse qui dépassait à peine de la tête et de la poitrine et s'étalait en largeur, ces mains grasses, épaisses, qu'il plaquait sur la tribune, ces yeux proéminents ne donnaient point l'idée de l'homme, mais bien plutôt du crapaud », écrit Michelet.

La jeune fille de Caen en robe blanche va assassiner le crapaud eczémateux. Puis elle ira au supplice dans l'auréole sanglante du soleil de juillet.

Le récit que fait Michelet de cet épisode, le plus universellement connu sans doute de toute l'histoire de la Révolution, est tout de tendresse pour la pure héroïne.

Il y a une autre femme, moins connue, dans cette histoire. C'est Simone, la compagne de Marat. Elle est derrière la porte quand Charlotte le poignarde. Elle l'a pris et caché chez elle quand il fuyait, lui a voué sa fortune, l'a fait vivre dans le damas, la porcelaine et les rideaux de soie. Même pour les hommes-crapauds, il y a toujours la compassion d'une femme, dans toutes les révolutions.

Après Thermidor et la fin de la Terreur, où en sont les Françaises ?

On a découvert que les femmes avaient une place dans la société civique, et cette découverte va faire son chemin. Mais, dans l'immédiat, la Révolution a été bourgeoise. Elle fut donc antiféministe, avec une violence de propos inimaginable : femmes immondes, bacchantes, grenadiers femelles, et j'en passe... Ce sont là des députés qui parlent.

Bien sûr, il y eut Condorcet, le courageux Condorcet, déclarant que même les hommes les plus éclairés « ont violé les droits de l'égalité en privant tranquillement la moitié du genre humain de celui de concourir à la formation des lois ». Il réfute les arguments habituels, et lance cette flèche : « En jetant les yeux sur la liste de ceux qui les ont gouvernés, les hommes n'ont pas lieu d'être si fiers... »

Son manifeste fait grand bruit. Mais sa réputation politique n'en sera pas affermie. Son plan sur l'instruction est rejeté. C'est le rapport de Talleyrand qui sera retenu, selon lequel il faut « accorder les principes d'instruction avec la destination des filles », soit « le bonheur domestique et les devoirs de la vie intérieure ».

Talleyrand, l'étincelante crapule, a déclaré : « Ne faites pas des rivaux des compagnes de votre vie ! Croyez que le bien de tous vous le demande. Que sont un petit nombre d'exceptions brillantes ? Autorisent-elles à déranger le plan général de la nature ? »

Il ne sera pas dérangé. En tout cas, pas par la Révolution.

En revanche, l'égalité totale des parents devant la loi a été décrétée le 1er septembre 1793. Mais Bonaparte sera prompt à établir la prééminence de l'autorité paternelle.

De la Gauloise à la pilule

La Révolution n'aurait-elle donc rien apporté de spécifique aux Françaises ? Ceci, tout de même : elle a voulu faire du mariage un contrat fondé sur la liberté des contractants, en dehors de toute religion. Avec, pour chacun, la liberté de dénoncer ce contrat, ce qui implique l'introduction du divorce.

Ce fut un bouleversement dans la relation entre hommes et femmes. Mais le droit au divorce pour une femme qui ne possède pas les instruments de sa liberté économique, c'est-à-dire le droit au travail, l'instruction, la formation, est un leurre. Une poignée de malheureuses s'est ainsi retrouvée sur le pavé. Quand le mariage sera de nouveau réputé indissoluble, en 1816, les Françaises resteront inertes.

Pourquoi ces amants de l'Égalité en ont-ils été si avares envers les femmes ? Pure misogynie ? C'est sans doute un peu plus compliqué. Selon Mona Ozouf, « ils tâchent de rester fidèles à leur logique individualiste et contractualiste, et ne renient nullement leur aversion de la hiérarchie au nom de la liberté. Mais, en rencontrant à chaque pas les obstacles que la réalité oppose à leurs beaux projets de société nouvelle et d'homme régénéré, ils découvrent la résistance imprévue de ceux à qui ils avaient cru apporter le bonheur. Ainsi du peuple des campagnes, des "bons laboureurs" supposés indemnes de toute corruption aristocratique. Ainsi et davantage encore des femmes, enfermées dans leur coquille, viscéralement hostiles au changement et, surtout, dans les mains des prêtres ».

Les femmes, agents secrets du passé...

Ainsi entrera dans l'inconscient collectif « l'image qui, en France, aura la vie si longue, de l'homme de progrès ayant à son foyer une femme dévote qui le domine sournoisement ».

L'image qui conduisit Clemenceau à s'opposer au vote des femmes plus de cent ans après la Révolution.

Et voici venue la brève et fulgurante épopée d'un authentique ennemi des femmes, Napoléon. Il va bâtir aux Françaises une prison pour plus de cent cinquante ans : le Code civil.

Pour autant qu'on le sache à travers les confidences de Constant, son valet de chambre, c'était un piètre amant. Pas de moyens et pas de technique. Ceci explique-t-il cela ? Ce serait un peu simple. Mais enfin, ce manque de dispositions ne rend pas gracieux avec les dames.

Français et Françaises sont sortis de la Révolution beaucoup plus séparés qu'ils n'y sont entrés. Cependant, après la parenthèse échevelée du Directoire où les femmes se promènent à demi nues dans la rue, la société se reconstitue dans l'ordre bourgeois, et le métissage reprend.

Du point de vue des Françaises — et d'ailleurs des Français —, il faut bien comprendre que, derrière la révolution politique, il s'est passé une révolution culturelle déjà amorcée à mi-siècle. L'espérance de vie est passée de quarante à cinquante ans pour les hommes, sans que l'on sache pourquoi : fin des épidémies, meilleure hygiène ? On l'ignore. Mais, désormais, un homme de quarante ans peut planter des arbres et les voir croître, construire une maison et penser qu'il l'habitera, investir à son profit et non à celui de ses héritiers, bref, faire des projets... Jusque-là, c'était l'âge où il passait la main à son fils aîné, transmettait son patrimoine et ses attributs. Maintenant, le fils piaffe dix ans en attendant la mort du père, les cadets préfèrent quitter la famille, les générations ne se succèdent plus, mais se chevauchent. Selon l'expression de Louis Roussel, les conditions pour la naissance de l'« individualisme biologique » sont en place.

La famille, cette institution formée du fond des siècles pour assurer la survie de l'espèce que la violence des hommes dans la compétition pour les femmes aurait condamnée, la famille où tous les membres sont solidaires, y compris la parentèle, où chacun connaît sa place et ses devoirs sous le regard de Dieu, où l'idée de bonheur personnel n'a pas de consistance, l'institution familiale tout entière est sournoisement fissurée.

Était-on malheureux dans cette famille-là ? Pas plus qu'aujourd'hui, sans doute. Peut-être même moins, parce qu'il y avait moins d'attentes... Beaucoup de femmes mouraient en couches et le veuf se remariait alors sur-le-champ. Les mariages étaient des unions de convenance d'où étaient exclus les sentiments trop vifs, qui introduisent la dangereuse passion. « C'est une religieuse liaison et dévote que le mariage : voilà pourquoi le plaisir qu'on en tire doit être un plaisir retenu, sérieux et mêlé de quelque sévérité », écrit Montaigne.

Mais voici que l'idée du bonheur a percé. Et cela, c'est une révolution qui n'est pas encore terminée...

Occupé à reconstituer une société dont les fondements sont ébranlés, Napoléon va prendre les grands moyens en enchaînant les femmes. « Le mari doit protection à la femme, la femme doit obéissance à son mari » : c'est l'article 213 du Code civil. Tout est dit.

Pire : elles sont privées de toute instruction. L'enseignement public, grande réforme napoléonienne menée tambour battant, est mis en place. C'est l'Université impériale où tout est prévu dans le détail, de l'école primaire au moindre rouage de l'enseignement supérieur. Mais, pour l'instruction des filles, rien. Devant le Conseil d'État, Napoléon en donne la raison : « Je ne pense pas qu'il faille s'occuper d'instruction pour les jeunes filles. Elles ne peuvent être bien élevées que par leur mère. »

Une loi révolutionnaire de 1794 établissait une école de filles par groupes de mille habitants. Elle ne sera jamais mise en œuvre. L'institution privée, certes, n'est pas interdite, où l'on apprend à lire, à écrire, à compter et à prier, mais elle ne concerne que la partie privilégiée de la société impériale, la bourgeoisie, classe désormais dominante. Bourgeoisie d'argent dont l'enrichissement est ostentatoire, dont les hommes singent l'aristocratie défunte en exhibant des titres de prince, de duc, de comte, sans les manières censées les accompagner, où les femmes s'ennuient, même si l'enfant a pris au foyer une place nouvelle : on le soigne, on le mignote, on le dorlote ; on ne le met plus en nourrice, comme autrefois.

Les Françaises ont perdu la place qu'elles occupaient dans la société au XVIIIe siècle. Les salons s'étiolent. Pauline Bonaparte a essayé d'en créer un, en vain. La vie de l'esprit est éteinte, chaque écrivain étant déclaré dangereux et surveillé par la police de Fouché. Les bourgeoises ne lisent que les médiocres romans qui pullulent. Quand une femme s'ennuie, que fait-elle ? Elle rêve d'amour. Ce qui n'exclut pas d'avoir de l'esprit. Toujours mufle, Napoléon demande un jour à Mme de Fleury : « Eh bien, madame, aimez-vous toujours les hommes ?

— Mais oui, Sire, quand ils sont polis. »

Les Françaises sont lasses de leur sort, lasses de la guerre permanente. Alors, quand les circonstances s'y prêtent, elles se retrouvent dans l'opposition : « Les deux cent cinquante mille réfractaires de 1814 trouveront derrière eux, pour les soutenir, une armée de femmes... Quand Napoléon, roulant vers l'île d'Elbe, traverse la Provence, ce sont des femmes en furie qui veulent le lyncher. L'opposition féminine se décèle encore à Paris dans les quelques salons entrouverts [...]. Il est remarquable que les femmes dont les noms, pour l'époque, gardent le plus d'éclat, aient été l'une et l'autre des opposantes : Juliette Récamier et Germaine de Staël[1]. »

Très vite, l'Empereur a pris Mme de Staël en grippe. Tout a commencé alors qu'il était encore Premier Consul. Laide avec de beaux yeux, un incomparable brio dans la conversation et un mari potiche, Germaine a décidé de le séduire et « met le paquet », comme on dit.

---

1. Alain Decaux, *op. cit.*

Il recule horrifié, et même épouvanté, féroce comme on ne l'est que dans la panique.

Un peu plus tard, Benjamin Constant, amant de Germaine, prononce un violent discours contre le Premier Consul. Fouché conseille à Germaine de filer. « Qu'elle reste tranquille, s'écrie le Premier Consul, sinon je la romprai, je la briserai ! »

Germaine et Benjamin Constant se réfugient au château de Coppet, sur le lac de Genève, où défilent leurs amis, tout ce qui compte en Europe. On y mène grand train ; Germaine est richissime. Bientôt, Constant voudra la quitter. Elle sanglotera. Il sanglotera plus fort. Feindra de se suicider. Partira. Reviendra. Tout le monde pleurera. Des torrents de larmes couleront à Coppet. Le romantisme, aux manières si éloignées de celles du XVIIIe siècle, sec et raffiné, arrive sur des pattes de colombe.

À Paris, cependant, c'est l'autoritarisme qui règne.

Pendant quinze ans, ce sera le même va-et-vient : Germaine de Staël obtient l'autorisation de rentrer, elle publie un livre, *De l'Allemagne*, resté célèbre ; Napoléon, fou de colère, l'expulse. Puis cela recommence et il lui interdit de remettre les pieds sur le sol français. Il a pour cette femme une détestation irrationnelle, car ses livres, de grande qualité, ne le visent pas. Ils valent d'ailleurs à son auteur une immense renommée dans toute l'Europe. N'importe : il faut la faire taire... C'est pourtant lui qui dira un jour à Fontanes : « Il n'y a que deux puissances dans le monde, le sabre et l'esprit. À la longue, le sabre est toujours battu par l'esprit. »

De la Gauloise à la pilule

Quand il revient de l'île d'Elbe, il lui fait faire signe par Fouché. Elle est sur le point de s'attendrir, mais trop tard. *Exit* Napoléon. Elle-même mourra deux ans plus tard, enrageant de voir le trône revenu aux Bourbons.

Germaine de Staël voulait par-dessus tout aimer et être aimée. Elle ne le fut jamais assez pour la rassurer contre l'abandon, contre la vieillesse, contre la solitude, toutes choses que la gloire ne compense pas.

Où est le bonheur féminin ? « "Faut-il étouffer ses facultés, se replier sur une destinée subalterne, gagner en échange la tranquillité et offrir moins de prise au malheur ?" C'est une des réponses, en effet, qu'on peut trouver chez Staël et qui alimente le procès en timidité qui lui est fait », remarque Mona Ozouf. Mais Germaine écrit tout autre chose à la fin de sa vie, en 1814 : « Désormais, elle soutient que, "quel que soit le prix à payer, il faut vivre de la façon la plus complète et la plus riche possible". »

Voilà Louis XVIII sur le trône sans que les Français aient été consultés. La restauration de la monarchie est le fruit d'un marché conclu entre l'aristocratie impériale, les Alliés vainqueurs de Napoléon et une poignée de royalistes. Le peuple, las des guerres, n'a pas bronché. L'Église, enchantée, développe son emprise à un point tel qu'elle déclenchera, plus tard, une violente réaction anticléricale. Farouchement antiféministe, elle exploite l'apathie des femmes ; le clergé les reprend en main.

Celles-ci sont totalement dominées.

C'est l'époque où, pour la première fois dans l'Histoire, les hommes ne vont plus à la messe, laissant aux femmes le soin des dévotions, où elles s'abîment. Eux fréquentent les courtisanes, les danseuses ou le bordel. Une véritable institution où l'on se rend entre amis cependant qu'à la maison, Madame se morfond.

Le divorce a été aboli dès 1816.

La société française, où l'aristocratie s'aligne désormais sur la bourgeoisie, n'a plus qu'un idéal : l'argent. On n'épouse pas une jeune fille, on épouse sa dot et on en a le contrôle. La vertu cardinale est le sens de l'économie. On pourrait presque dire : la ladrerie.

Les femmes ont leur royaume, la maison. Là, elles font la pluie et le beau temps. Mais parce que les enfants coûtent cher, peut-être, on en fait de moins en moins. Quelle qu'en soit la cause, jamais vraiment élucidée, la baisse de la démographie, à partir de 1840, est spectaculaire et se poursuivra jusqu'à la moitié du XXe siècle. Nul besoin de pilule pour cela. Seuls les paysans, qui représentent encore les trois quarts de la population, continuent à procréer abondamment.

À mimer l'ancienne monarchie, la nouvelle ressuscite même la Favorite, bien qu'on ne lui donne pas ce nom. Celle qui règne sur le cœur de Louis XVIII se nomme Zoé de Cayla. Le malheureux n'est pas en état de lui faire grand mal : ses jambes se décomposent. Il ne lui demande que de s'asseoir sur ses genoux et de lui dire des choses tendres. Zoé s'exécute avec grâce. Elle est ravissante, vive, enjouée, ambitieuse. Elle va gouverner. C'est elle qui fait chasser Decazes, président du Conseil, et contribue à l'accession de Villèle. Par elle, les ultras triomphent. Son influence est considérable. Elle arrache à Louis XVIII, sur son lit de mort, une énorme somme d'argent.

L'ordre moral est en place. Il subsistera sous Charles X et plus encore sous Louis-Philippe, le roi-bourgeois qui dîne le soir en famille avec ses enfants et lit ensuite ses journaux tandis que sa femme brode.

Les Françaises vont broder pendant trois générations en répétant à leurs filles : « Tiens-toi droite... »

En 1830, les fonctionnaires sont invités à favoriser la création d'écoles de filles. L'invitation reste lettre morte. En 1831, Guizot tente de faire accepter par la Chambre l'existence légale de telles écoles. Son projet est repoussé. Seules les pensions chics sont celles où les jeunes filles peuvent apprendre quelque chose.

Elles ne pensent qu'à avoir une taille de guêpe pour mieux serrer leur corset et se rendent malades à boire du vinaigre pour maigrir. La mode est aux brunes à peau blanche ; la poudre est le seul maquillage autorisé à une femme bien née. Une fois mariée, elle peut monter à cheval, danser au bal de l'Opéra, mais, pendant l'année qui suit son mariage, elle ne peut se déplacer sans un chaperon ou un membre de sa famille. Elle lit des journaux féminins, des catalogues de recettes en tous genres, y compris de savoir-vivre, des manuels de mode pour les robes, les chapeaux, les bottines, les gants, les plumes... Elle se plaint parce qu'elle ne trouve pas de « bonne », comme on dit. La bonne à tout faire ! Les grandes valetailles des maisons aristocratiques d'autrefois ont disparu, mais toute bourgeoise digne de ce nom veut sa bonne. Ce n'est tout de même pas elle qui va vider les pots de chambre, laver, raccommoder, battre les tapis ! La bonne, maltraitée, mal payée, mal logée, sans repos hebdomadaire, devient le souffre-douleur de la bourgeoise.

Le grand fleuve du romantisme roule, qui emporte Marie d'Agoult, George Sand, Juliette Drouet, des femmes qu'on ne reçoit pas dans le monde, mais les Françaises restent au bord, même si l'adultère fait des progrès — si l'on ose dire — pharamineux... Pourtant, quel risque ! Le déshonneur, voire la prison... Moins périlleuses, les amours saphiques se développent.

En 1830, Balzac a publié *La Physiologie du mariage*, qui est un brûlot. Il y préconise une véritable liberté sexuelle pour les femmes, le mariage à l'essai, dénonce les préjugés sur la virginité et annonce l'« immense amélioration morale que réclamera sans doute la femme au XXe siècle ». On le lit alors comme un amuseur.

Que dire des ouvrières ? Ce sont les suppliciées du siècle, celui de la révolution industrielle. L'ouvrière n'est pourtant pas une figure neuve. Il y en a toujours eu, surtout dans les métiers du textile. Mais, le plus souvent, c'est dans l'atelier familial qu'elles s'affairaient, aidant le père, aidant le mari. La famille encadrait alors le travail. Tout va changer avec le coton, avec la vapeur, avec la naissance des fabriques, des usines. Pour les faire tourner, les patrons puisent dans la main-d'œuvre rurale. Les villes s'industrialisent. C'est la fin du travail à domicile.

De la Gauloise à la pilule

En 1836, dans l'Oise, sept femmes sur dix travaillent en fabrique, pour une seulement dans la couture et une dans la domesticité. Le fameux rapport Villermé a dit ce qu'étaient alors les conditions de travail, enfants compris. Le tableau est effrayant. Épouvantable. De surcroît, les ouvrières, à travail égal, ne sont jamais — jamais — payées comme les ouvriers. À les employer, les patrons ont tout à gagner. Mais, en acceptant des rétributions inférieures, les ouvrières font figure de voleuses d'emplois. La misogynie de la classe ouvrière française et de ses syndicats, intoxiqués par Proudhon, leur inspirateur, s'en nourrit. C'est là une longue histoire, qui n'aurait pas sa place ici. Elle s'est déployée sans désemparer dans tous les secteurs d'activité, bien au-delà du siècle.

Quelqu'un s'en est-il ému, en 1840, quand parut le rapport Villermé ? Pas que l'on sache. Parfois, les ouvrières en arrivent à se prostituer pour manger. Des enfants de cinq ans, six ans travaillent dans les usines. La Chambre veut porter l'interdiction de travailler... à huit ans ! Des experts, comme on dit aujourd'hui, viendront expliquer que, ce faisant, on mettrait les industries en péril.

Les Françaises, ficelées dans leur corset et l'ordre moral, sont très loin d'imaginer ce qui se passe dans leur pays. Pourtant, le feu du féminisme couve sous la cendre. La première flamme jaillit chez un économiste, Henri de Saint-Simon, qui voulait refaire le monde et conçut un socialisme planificateur qui fit beaucoup d'adeptes en son temps. Il a consacré son existence et sa fortune à imaginer une société idéale. Dans cette société, « égalité de l'homme et de la femme ». C'est ce que prêche son disciple, le Père Enfantin : « Le salut viendra au monde par la femme, elle sera le messie de son sexe. » Passons sur les aventures et mésaventures du Père Enfantin. Il rallia beaucoup de monde, surtout des femmes.

Les Françaises féministes du siècle sont de leur époque : bourgeoises. Le courant féministe reste à la surface de la société, mais il entraîne aussi des hommes. Ainsi Charles Fourier, qui aurait inventé le mot « féministe », à moins que ce ne soit Alexandre Dumas fils. Philosophe et économiste, il prêche la liberté sexuelle, réclame pour les femmes la liberté de choix de leur profession et un salaire égal à celui de l'homme. En général, ceux qui gémissent sur la condition des ouvrières françaises demandent l'avènement d'un système qui leur permettrait de rester au foyer. Les femmes fouriéristes, elles, s'opposent à cette relégation qui n'aboutirait qu'à une nouvelle discrimination.

Devenue une figure mythique du féminisme, Flora Tristan, belle Péruvienne, n'est pas entièrement sympathique. Elle a hérité de son père, membre d'une grande famille, un aristocratisme irritant. Elle veut faire le salut des ouvriers, mais les déteste : ils sont « stupides » ; néanmoins, elle court courageusement le monde pour les rencontrer, persuadée que c'est là sa mission, même s'ils ne veulent pas l'entendre.

Toute sa vie, elle se sera battue contre un mari jaloux qui veut lui enlever ses enfants et tente de l'assassiner. Elle milite pour l'émancipation de la femme, pour le rétablissement du divorce. Elle a payé durement son indépendance.

De la Gauloise à la pilule

Autre figure du féminisme : Pauline Roland, qui ne cesse d'encourager les femmes à prendre, dans toutes les professions, « non pas la place de l'homme, mais celle qui est vide à côté de lui ». Saint-simonienne, refusant le mariage, elle a néanmoins trois enfants. Elle est bientôt arrêtée comme déléguée des institutrices socialistes, emprisonnée, relâchée, puis, lors du coup d'État de 1851, renvoyée devant le conseil de guerre. Accusée d'avoir pris part à des sociétés secrètes, d'avoir participé à des publications révolutionnaires, elle s'en défendra calmement. Elle est déportée en Algérie. Commence pour elle un calvaire de six mois. Quand elle se retrouve libre, elle meurt exténuée.

Il y a, bien sûr, George Sand, célèbre par ses livres, ses pantalons et ses amours. Elle ne s'intéresse pas aux salaires ni aux droits politiques qu'elle ne revendiquera jamais. Mais elle réclame l'égalité civile et sentimentale : « On les maltraite, on leur reproche l'idiotie où on les plonge, on méprise leur ignorance, on raille leur savoir. En amour, on les traite comme des courtisanes ; en amitié conjugale, comme des servantes. On ne les aime pas, on s'en sert, on les exploite et on espère ainsi les assujettir à la fidélité. » Pour elle, il faut réformer la loi conjugale, celle qui conduit la femme adultère en prison.

Initiée au socialisme par Pierre Leroux, l'un de ses amants, saint-simonien, George Sand y adhère et en imprègne ses œuvres. Arrive la révolution de 1848 : ses amis sont au pouvoir, elle se dépense, manifeste parmi les ouvriers, croit que la République sociale va durer. Mais le futur Napoléon III la confisque d'un coup d'État, avant de se faire plébisciter.

Baromètre de l'effervescence féministe : la prolifération de journaux féminins. C'est *La Femme libre*, rédigé exclusivement par des femmes et par une société d'ouvrières. Toutes les revendications y sont. Mais le mot « libre » chiffonne : on le remplace bientôt par *Femmes de l'avenir*. C'est *La Gazette des femmes*, modéré, mais qui réclame le droit aux emplois publics, dans l'enseignement et dans la Poste. C'est *Le Journal des femmes*, d'inspiration chrétienne, « pour la suppression des guerres ». L'apprentissage de l'écriture publique est au cœur du féminisme.

Parmi tant d'autres, il faut citer encore l'étonnante Hubertine Auclert, enragée sur les droits politiques, qui refuse de payer ses impôts tant qu'elle ne disposera pas du droit de vote. Elle a essuyé tous les sarcasmes, toutes les moqueries, mais c'est grâce à elle que les femmes obtiendront plus tard le droit de s'asseoir dans les magasins, les ateliers, les usines.

Et encore Jeanne Deroin, une ancienne institutrice qui a l'audace de se présenter aux élections législatives de 1849. La candidature de George Sand a également été déposée, mais à son insu, et elle le prend très mal.

Depuis 1830, d'innombrables associations féministes ont été créées — comme à l'étranger, d'ailleurs : en Grande-Bretagne, en Allemagne, en Italie, aux États-Unis. Le courant féministe est international. Jeanne Deroin a l'idée de les fédérer. Elle en réunit cent quatre... et est arrêtée. Complot contre la société. La police du Second Empire n'apprécie guère les agitatrices.

Toutes ces femmes ont bien du courage. Car chaque génération semble devoir reprendre la lutte pour un progrès jamais réalisé. Le féminisme n'a pas pénétré la société. Sous Napoléon III, ce qui anime les Françaises — celles du moins qui en ont les moyens —, c'est la passion de paraître. On ne s'est jamais tant habillée chez les meilleurs faiseurs. Un Anglais, Worth, va devenir la coqueluche de Paris et inventer ce qu'on appelle aujourd'hui la haute couture. On raffole des bijoux.

On est hanté — surtout en province — par la hiérarchie sociale. La femme du propriétaire se sent supérieure à la femme du médecin ou du magistrat, laquelle se sent supérieure à la femme du fonctionnaire qui jalouse la femme du notaire... Toutes ont leurs bonnes œuvres et convoitent une machine à coudre, la grande nouveauté. Chacune a son « jour ». Elles passent leurs après-midi à se rendre mutuellement visite.

L'aristocratie est hors de ce jeu-là. Elle vit et se jalouse en vase clos dans ses hôtels du faubourg Saint-Germain et ses châteaux. Elle appelle l'empereur « Monsieur Bonaparte ». Elle est royaliste. Mais la bourgeoisie, grande, moyenne ou petite (celle des employés et des boutiquiers), est favorable au régime. C'est une boutiquière, Mme Boucicaut, qui va inventer le « grand magasin », développé avec son mari à partir d'une toute petite échoppe de nouveautés. Ce sera le Bon Marché. Mme Boucicaut mourra multimillionnaire en or.

Événement : une jeune fille, Julie Daubié, obtient, grâce à l'appui de l'impératrice Eugénie, de se présenter au baccalauréat. Elle est reçue, c'est la première.

Le nombre de femmes actives ne cesse d'augmenter, mais pas leur salaire. Et elles s'éloignent de toute pratique religieuse. On ne se marie même plus, chez les ouvriers : on se met en ménage.

Après 1868, quand l'Empire libéral accorde le droit de réunion, se multiplient les conférences où l'on traite du travail des femmes. Les journalistes voient alors avec surprise surgir une jeune femme de vingt-cinq ans, belle, élégante, qui répète : « L'infériorité des femmes n'est pas un fait de la nature, c'est une invention sociale. » C'est une grande bourgeoise qui possède des propriétés considérables en Seine-et-Oise. Sans rien abdiquer de sa mondanité, son activité au service des femmes sera inlassable.

Maria Deraisme et les autres qui ont fondé ensemble la Société de revendication du droit des femmes — où l'on trouve aussi une jeune institutrice, Louise Michel — ont-elles fini par faire pénétrer leurs idées dans la masse des ouvrières ? Mais celles-ci sont-elles même en état de les entendre ?

En janvier 1870, quand le prince Pierre Bonaparte tue le journaliste Victor Noir venu lui porter une demande de réparation à la suite d'un article, c'est l'émeute. Jules Vallès note : « Des femmes partout. Grand signe : quand les femmes s'en mêlent, quand la ménagère pousse son homme, quand elle arrache le drapeau noir qui flotte sur la marmite pour le planter entre deux pavés, c'est que le soleil se lèvera sur une ville en révolte. »

En révolte, et bientôt en sang.

En 1871, après la capitulation de Bazaine, la déchéance de l'empereur, la proclamation de la République, le siège de Paris, la Commune de Paris, les Parisiens s'insurgent contre les conditions du traité de paix imposé par Bismarck. Puis ils refusent qu'on leur retire leurs canons, achetés pendant le siège par souscription nationale. La plus ardente à le hurler est celle qu'on appelle « la Vierge rouge », Louise Michel. Des scènes d'une rare violence opposent la population à l'armée. Deux généraux qui commandent la manœuvre sont saisis et fusillés. Clemenceau, maire de Montmartre, dira : « J'ai observé là le phénomène pathologique que l'on pourrait appeler le délire du sang. Un souffle de folie paraissait avoir passé sur cette foule. »

Quand un homme lance : « On ne trouverait pas cinq cents hommes décidés à se battre pour défendre la Commune », les femmes crient : « Allons-y ! » Et une foule énorme envahit la place de l'Hôtel-de-Ville. Elles sont accueillies à coups de fusil. Louise Michel est partout, et pas seulement elle. Elles sont nombreuses, qui se sont constituées en union : l'Union des femmes. Mais, le 21 mai, Adolphe Thiers, chef du gouvernement réfugié à Versailles, lance les troupes versaillaises à l'assaut de la capitale. Drapeau rouge en tête, l'Union des femmes décide d'aller défendre les Batignolles. Elles sont cent vingt qui tiennent la barricade place Blanche. Après des heures de lutte, elles doivent céder, faute de munitions, et quittent le terrain. Celles qui restent sont massacrées sur place. Nouvelle barricade place Pigalle. Elles tiennent trois heures. Vont boulevard Magenta. Selon Lissagaray, historien de la Commune, « pas une ne survécut ». Louise fait le coup de feu au cimetière Montmartre, des Versaillais la saisissent et la jettent dans la tranchée de la barricade, l'y laissent pour morte. Elle n'est qu'évanouie.

Les massacres commencèrent sitôt les Versaillais dans la place. Quinze mille morts ? Vingt mille ? La vérité est sans doute au-delà. Mille quarante et une femmes furent déférées au conseil de guerre. Hommes et femmes furent déportés en nombre. Louise, fière devant ses juges, comme ses sœurs, sera embarquée à destination de la Nouvelle-Calédonie. Elle reviendra sept ans plus tard, en 1880. Une foule énorme l'attend alors à Paris. Elle reprend son bâton de pèlerin et continue sans désemparer à prêcher que « l'heure est venue de l'humanité juste et libre ». Elle vole de tribune en tribune. Quand elle parle, on l'écoute tant irradie sa foi.

Mais, en ces années-là, elle est, pour la majorité des Françaises, exécrable. George Sand, Alexandre Dumas fils, Flaubert ont haï la Commune et l'ont dit haut et fort. Aujourd'hui encore, dans l'inconscient collectif de la bourgeoisie, Louise Michel sent le soufre : une agitée qui sème la tempête. À part Clemenceau qui l'a toujours bien aimée, il y eut tout de même un poète pour lui rendre hommage, Verlaine : « Louise Michel est très bien. »

La IIIe République est sur rails, un peu flageolante. Monsieur Thiers la préside, bientôt renversé et remplacé par Mac-Mahon. Et à nouveau l'« ordre moral » règne. C'est même lui, le maréchal, qui a, sauf erreur, inventé l'expression.

Les Françaises sont plus que jamais enfermées dans leur rôle de femme d'intérieur. Au point qu'il est mal vu pour elles d'être dehors passé cinq heures. Ce qui n'empêche pas l'adultère de fleurir dans les garçonnières, de cinq à sept. Le fameux cinq-à-sept ! Faute de statistiques, quelqu'un a eu l'idée de dénombrer les corsets retrouvés dans les fiacres. Non que ceux-ci soient le théâtre des ébats ; mais le corset est une pièce incommode de la garde-robe féminine : après l'avoir ôté pour se livrer à son amant, il faut le remettre, c'est long, et le temps passe si vite... Alors on l'emporte plutôt sous le bras. Et on l'oublie !

C'est le moment où sévit en France une manie qui n'a jamais disparu et qui en dit long : tout ce que l'on nomme affectueusement est « petit ». *Le Petit Parisien*, *Le Petit Journal*, *Le Petit Écho de la mode*, la petite reine, Au Gagne-Petit, les « petites femmes ». Alain Decaux a relevé cette remarque chez le sociologue André Siegfried. « La société française de la fin du siècle est délibérément rétrécie. »

Quant au féminisme, il est apaisé. Les féministes sont considérées comme des déclassées, des personnes dangereuses qui veulent détruire la famille. Cependant, Maria Deraisme a pris la relève. Sa situation sociale, sa fortune, son éloquence et aussi sa modération lui ménagent de larges audiences. Anticléricale, comme tout le haut personnel républicain, elle sera la première femme admise dans une loge maçonnique masculine.

D'autres femmes de la haute bourgeoisie, toutes mariées, militent et répondent du tac au tac aux antiféministes, mais il n'est plus question de liberté des mœurs. En 1884, le divorce est certes rétabli, mais la divorcée est montrée du doigt ; elle se met en marge de la société.

En 1897, Marguerite Durand, actrice, journaliste, mariée, jolie, fait sensation en créant le premier quotidien féminin, *La Fronde*. Elle a constaté que la cause des femmes n'a plus d'organe, que les magazines féminins sont des condensés de recettes de tricot et de confitures. Elle fonce, et réussit. Elle accueillera dans ses colonnes Séverine, la première journaliste — de grande renommée — à vivre de sa plume ; elle aura une rubrique parlementaire et politique confiée — grande première — à une femme. Surtout, elle fait un bon journal qui trouve son audience. *La Fronde* est un lieu important de culture féminine et féministe.

La vie parisienne est brillante. Les femmes y participent peu, elles vont parfois au théâtre, ou dans quelque dîner en ville. Les hommes, eux, se rendent à leur cercle. Les salons ont ressuscité, chacun avec son hôtesse : Mme Ménard Dorian, Mme Strauss, la comtesse Greffulhe, immortalisées par Proust, Mme Arman de Caillavet, Mme de Loynes qui sera boulangiste... On y parle essentiellement politique, on intrigue, on se dispute Victor Hugo.

La bourgeoisie française ignore superbement les impressionnistes et laissera des merveilles partir pour les États-Unis où elles sont encore. Une femme peintre surgit, qui laissera sa trace dans la peinture française : Berthe Morisot. Une autre, Rosa Bonheur, n'est pas négligeable...

On s'amuse des bicyclettes.

En 1902, sous l'impulsion des couturiers, on se déshabille, c'est-à-dire que l'on montre ses chevilles. C'est la Belle Époque !

Une femme, Marie Curie, reçoit le prix Nobel avec son mari pour la découverte du radium, et on discute encore aujourd'hui du point de savoir lequel des deux en a eu le mérite, alors que Pierre n'a cessé de répéter : « C'est elle qui a tout fait... »

Marie est venue étudier à Paris parce que dans son pays, la Pologne, les universités sont fermées aux filles. Elle a accumulé les diplômes : licence de ceci, licence de cela, et agrégation de mathématiques. Elle est tombée au bon moment : la IIIe République a décidé de combler en quelques étapes le fossé qui sépare l'instruction des filles de celle des garçons. Il s'agit de les soustraire à l'Église, qui règne sur leur éducation, sans pour autant les préparer à une activité professionnelle. Leur ouvrir l'esprit, lutter ainsi « contre la superstition, le mysticisme et l'influence cléricale..., faire des femmes les compagnes intellectuelles de leur mari », tel est l'objectif. Curieusement, seuls le latin et le grec sont absents de leurs programmes.

La bourgeoisie sera lente, cependant, à envoyer ses filles à l'école publique. Il faudra deux guerres et l'avènement de la Ve République, en 1958, pour que l'école des femmes sorte réellement de l'isolement, avec le développement des établissements scolaires et la généralisation de la mixité.

Quand la guerre de 14 éclate, mettant au XIXe siècle son véritable terme, où en sont les Françaises ? Sept millions travaillent, le tiers de la population active, on a dit dans quelles conditions.

La mobilisation est un traumatisme. Jamais autant d'hommes, dans aucune guerre, n'ont quitté leur foyer en même temps. En quatre ans, ils seront vingt millions à partir.

Les paysannes sont les premières à se mobiliser à leur tour : il faut faire les moissons et les vendanges. Elles les font. Puis les Françaises deviennent facteurs, gardes-voies, chefs d'entreprise, agents de police, chauffeurs de locomotive, dockers, tueurs aux abattoirs, elles fabriquent des obus, des masques à gaz... Les bourgeoises se font infirmières. La Croix-Rouge en réunit soixante et onze mille. Joffre dira : « Si les femmes qui travaillent dans les usines s'arrêtent vingt minutes, les Alliés perdront la guerre. »

Quand la tuerie s'arrête, la France, meurtrie par l'hécatombe, est exsangue. Les hommes qui rentrent exigent qu'on leur rende leur place. Que font les Françaises ? Elles rentrent docilement à la maison. Comment faire autrement ? Cependant, les choses ont un peu bougé : on nomme des femmes dans des commissions, des conseils, des comités. En décembre 1919, la préfecture de la Seine met au concours quarante emplois de rédacteurs : huit sont emportés par des femmes.

Le droit de vote ? La Chambre des députés dit oui. Le Sénat dit non. Il faudra rien de moins qu'une autre guerre pour le mater. Louise Weiss a beau se dépenser, avec la duchesse de La Rochefoucauld : elle ne parvient pas à intéresser les Françaises au droit de vote.

Après guerre, on a envie de danser, de rire, d'oublier. De trouver un mari. Un million d'emplois ont été perdus par les femmes, et après l'hémorragie de jeunes hommes, elles sont beaucoup plus nombreuses qu'eux. C'est vrai dans tous les milieux. Le mariage devient une obsession. Serait-ce que les Françaises n'ont pas changé, malgré l'extraordinaire expérience des années de guerre ? Si. Elles jettent un regard différent sur les hommes, mais pas encore sur elles-mêmes. Globalement, elles n'ont pas encore confiance dans leurs propres forces ; elles peuvent se battre pour une augmentation de salaire, mais pas pour leurs droits...

Leur révolte s'exprime alors d'une drôle de manière : elles se coupent les cheveux, elles balancent leur corset par-dessus les moulins parce qu'un couturier, Paul Poiret, en a décidé ainsi ; elles montrent leurs jambes dans des robes courtes ; elles se maquillent, elles apprennent à conduire, elles deviennent effrontées...

Un roman, qui prétend décrire cette nouvelle « femme moderne », libre jusqu'à l'ivresse, *La Garçonne*, fait scandale. L'auteur, Victor Margueritte, est radié de l'ordre de la Légion d'honneur.

Cependant, quelques femmes de la bourgeoisie commencent à s'employer, bien que ce soit encore mal vu. La loi bouge : en 1938, l'autorité absolue du chef de famille est atténuée ; s'il s'oppose à ce que sa femme exerce un métier, ou lui impose une résidence, elle peut plaider. Elle dispose désormais d'une carte d'identité, d'un passeport, d'un compte bancaire, elle a le droit de passer contrat pour ses biens propres...

Et, pour rêver, elle a une lanterne magique : le cinéma. Garbo, Marlene, Gary Cooper, Clark Gable... Ils sont beaux, ils sont riches, ils meurent et font mourir d'amour.

Aaah ! Les salles sont bourrées, comme les boîtes de nuit.

Mais un nouveau coup de tonnerre va éclater dans le ciel tourmenté de la guerre, encore...

Un pays disloqué, coupé en deux, une population anéantie, ahurie par le choc. Une certaine idée de la France s'est écroulée.

À Paris, les Allemands règnent en maîtres. À Vichy, la IIIe République a été remplacée par un « État français » coiffé par un vieux maréchal.

On se couvre la tête de cendres. Tout est désorganisé : la production, la distribution. La pénurie règne, il faut survivre.

Un million neuf cent mille prisonniers, dont le quart est marié, laissent les Françaises dans de grandes difficultés. Au début de la guerre, on les a exhortées à remplacer les hommes dans les usines d'armement dont le nombre a été multiplié par trente. En juillet 40 il est fait recommandation à tous les employeurs de licencier leur personnel féminin. Trois cents ouvrières manifestent dans la cour de Michelin. En octobre, une circulaire interdit l'embauche par l'administration des femmes mariées ou vivant en ménage. Quatorze cents postières sont licenciées. Désespérées, les chômeuses perçoivent une indemnité dérisoire. Souvent, elles ont des enfants.

Des hommes sont revenus, prisonniers libérés d'Allemagne : cinq cent mille environ ; mais six à sept cent mille partent dans le cadre du STO (le Service du travail obligatoire). Plus tard, l'Allemagne, avide de main-

De la Gauloise à la pilule

d'œuvre, demandera que le STO soit étendu aux femmes. Laval acceptera, Pétain refusera. Ça se terminera par un compromis : l'embauche des femmes mariées sera de nouveau autorisée ; elles remplaceront les hommes expédiés par paquets dans les usines allemandes.

Pétain s'y résigne, bien que cette décision aille à l'encontre de toute sa philosophie. Le travail, pour lui, ce n'est pas pour les femmes. Elles doivent rester à la maison et faire des enfants. Idéal d'ailleurs largement partagé : les Françaises de la zone dite « libre » se sont repliées sur les valeurs familiales. Mais, quelquefois, elles ne font pas les enfants qu'il faut : en l'absence des maris prisonniers, cinquante-sept mille enfants illégitimes naîtront rien qu'en 1944. Les mères indignes sont montrées du doigt, vilipendées. Mais Vichy a brandi contre l'avortement l'arme suprême : la peine de mort. Une avorteuse, Marie-Louise Giraud, est guillotinée en 1943. Pour servir d'exemple aux autres.

Mères méprisées ou honorées, les Françaises mariées rentrent donc dans le circuit du travail sans se poser trop de questions. Peu politisées, accablées par les difficultés quotidiennes, elles ont donné leur foi au Maréchal.

À Paris, c'est autre chose. Le marché noir règne à grande échelle, l'argent coule à flots pour peu qu'on ne se montre pas trop délicat sur la façon de le gagner. Les cinémas sont bourrés, les grands restaurants et l'Opéra aussi ; on croise souvent une Française au bras d'un officier allemand. Sur les Champs-Élysées sillonnés seulement par des cyclistes, on voit même parfois une belle actrice descendre l'avenue dans un tilbury conduit par un cocher. Celle-là et quelques autres ont collaboré en se servant de leur cul. À la Libération, un certain nombre auront la tête tondue par une population hors d'elle. Geste infâme... Une dizaine de milliers, disent les historiens. À Saint-Flour, une tondue a été recluse pendant quarante ans par sa famille et n'a été délivrée par les gendarmes qu'en 1983.

Et puis, frémissement silencieux sur la peau de la France, des petits groupes se forment, des réseaux se constituent, des maquis naissent : ce qu'on appellera la Résistance irrigue les régions, et des femmes la soutiennent. Elles hébergent, elles guident, elles ravitaillent, elles renseignent, elles soignent, elles confectionnent de faux papiers, elles sauvent, au prix de grands risques parfois. Cent trente-trois mille femmes ont été immatriculées à Ravensbrück ; je ne sais au juste combien étaient françaises — un bon nombre.

La Résistance a eu ses martyrs : Bertie Albrecht, Danielle Casanova, Simone Michel-Lévy, légitimement honorées. Mille cinquante-trois résistantes ont été faites Compagnons de la Libération (et mille six cent vingt-quatre hommes), mais on voudrait surtout rendre hommage ici aux femmes obscures qui ont tant fait. Les Françaises qui ont participé à la Résistance ont gagné l'estime de leurs compagnons pour des vertus qu'elles ont toujours eues : le courage et la force d'âme. Mais, à se disputer comme on le faisait depuis des décennies sur leur « nature », et leur « vocation », on avait fini par l'oublier.

Aussi, avant même le débarquement en Normandie, le général de Gaulle signait, le 23 mars 1944, une ordon-

De la Gauloise à la pilule

nance votée par l'Assemblée consultative, accordant aux Françaises le droit de vote et à l'éligibilité.

Ainsi commence l'histoire contemporaine : celle de la décolonisation des femmes. Entre 1960 et 1980, un vent de réforme va souffler sur tous les pays européens, établissant progressivement l'égalité entre hommes et femmes dans les Codes : Code civil, Code du travail, etc.
En France, le préambule de la Constitution de 1946 pose le principe de l'égalité des droits entre hommes et femmes dans tous les domaines.
En 1965, la femme est émancipée de la tutelle maritale.
En 1970, le chef de famille disparaît au bénéfice de l'autorité parentale.
En 1975, le divorce par consentement mutuel est institué, l'adultère dépénalisé.
En 1985, l'égalité complète des époux dans la gestion du patrimoine de la famille est posée dans le droit des personnes comme dans le droit des biens.
Sous l'impulsion de Valéry Giscard d'Estaing, président de la République, l'Assemblée nationale est appelée à voter, en 1975, l'IVG, le droit à l'interruption de grossesse, défendu par le ministre de la Santé, Simone Veil. La contribution de Gisèle Halimi, avocate, à l'information et à la sensibilisation de l'opinion, a été considérable, mais les corrections successives apportées au statut juridique des Françaises au fil des années ont été obtenues dans l'indifférence, voire l'hostilité du principal

mouvement féministe, le MLF, une nébuleuse qui réunit plusieurs groupes.

Radical, le MLF postule qu'il faut dynamiter le « système » des hommes, que rien d'autre ne vaut. Il veut la guerre des sexes. Puis il s'est divisé sur le fond — et cette division garde aujourd'hui ses adeptes dans les deux camps. On peut l'exprimer ainsi : pour les unes, la différence entre les sexes est un produit pur du conditionnement des femmes (c'est la thèse fameuse de Simone de Beauvoir : « On ne naît pas femme, on le devient ») ; pour les autres, le féminin existe bel et bien en soi ; mais il a été nié, dévalorisé, censuré, et il s'agit de le faire advenir en lui donnant toute sa force de subversion.

En 1974, le MLF se réveille pour militer quand le droit à l'avortement est en question. Épisode inouï : trois cent quarante-trois femmes célèbres, ou pour le moins connues, signent un manifeste intitulé « Je me suis fait avorter... », publié dans *Le Nouvel Observateur*. Il éclate comme une grenade. En 1975, la loi autorisant l'IVG est votée grâce aux voix de l'opposition. L'IVG reste un acquis fragile, sans cesse menacé par ses adversaires.

Néanmoins, ce n'est pas cette date que je retiendrais s'il fallait en choisir une, une seule. L'avortement a toujours existé : illégal mais proposé par petites annonces au début du siècle, réalisé parfois dans des conditions horribles, mais réalisé. Le légaliser était une mesure de santé publique. En revanche, une invention proprement révolutionnaire est venue donner aux Françaises un droit inouï dans toute leur histoire : celui de contrôler la reproduction. C'est pourquoi, s'il fallait choisir une seule date parmi toutes celles qui jalonnent le chemin de l'émancipation féminine, plus importante même pour la société que le droit de vote, je choisirais ce jour de 1967 où un député gaulliste courageux, Lucien Neuwirth, arracha à l'Assemblée l'autorisation de mise en vente de la « pilule ». Assortie de mesures restrictives qui furent levées en 1974.

La pilule contraceptive, cette invention d'un Américain, le Dr Pincus, marque le Grand Tournant. Ce moment inédit dans l'histoire de l'humanité où les femmes ont commencé à contrôler leur fertilité au lieu de la subir ; ce moment où la décision si grave, donner la vie, a changé de mains ; ce moment où l'acte sexuel a été définitivement déconnecté du risque de reproduction, constitue un bouleversement si profond qu'il est encore impossible d'en mesurer les conséquences sur le long terme. Il est clair qu'il est à l'origine d'un énorme ébranlement des sociétés les plus développées.

Dans le présent, la pilule produit des jeunes femmes qui ne ressemblent pas plus à leur mère qu'un petit chat à un oiseau. Ce n'est pas là un simple effet de génération. C'est un saut gigantesque. De la Gauloise à la pilule, il y avait une sorte d'unité. Soudain, il y a solution de continuité...

À vingt ou à soixante ans, que pensent les Françaises d'aujourd'hui de leur propre condition, de leur évolution, de leurs relations avec les hommes, de la place des enfants dans leur vie ? C'est ce que je vais maintenant essayer de vous dire à travers une longue enquête.

II

Quelques informations de base

- Qui sont les Françaises ? 93
- Que font-elles ? 95
- Comment sont-elles rétribuées ? 99
- Comment les foyers sont-ils équipés ? 101
- Celles qui sont au foyer 103
- Comment sont-elles logées ? 105
- Les hommes et les travaux domestiques 107
- Leur santé 109
- La famille est-elle en danger ? 113
- Faire de la politique 121

QUI SONT LES FRANÇAISES ?

On ne parlera pas ici de cette poignée de femmes plus ou moins célèbres et en expansion, dont la carrière illustre les capacités, mais des Françaises considérées dans leur ensemble. Soit, en chiffres ronds, 29 millions d'âmes, tous âges compris.

Elles se répartissent ainsi :

- moins de 15 ans : 5 600 000
- moins de 20 ans : 7 400 000
- de 20 à 59 ans : 15 700 000
- de 60 ans et plus : 6 800 000
- de 75 ans et plus : 2 500 000

Leur statut, de 20 à 64 ans :

- 4 700 000 célibataires
- 10 400 000 femmes mariées
- 710 000 veuves
- 1 300 000 divorcées

Par ailleurs :

• il y a un million de femmes de plus que d'hommes ;
• les hommes divorcés se remarient davantage ;
• un million de femmes élèvent seules leurs enfants.

Enfin, un chiffre peu connu : 2 133 femmes peuplent les maisons d'arrêt, contre 50 625 hommes[1].

---
1. Sauf mention particulière, les chiffres cités ont pour source l'INSEE.

QUE FONT-ELLES ?

Il faut d'abord en finir avec une idée reçue : le travail des femmes n'est pas une nouveauté. En 1987, on dénombrait en France moins de femmes actives... qu'en 1911 !

• Aujourd'hui, 11 121 000 Françaises sont actives (enquête Emploi 1994) ;

• globalement, elles sont salariées (87 % contre 83 % d'actifs masculins) ;

• entre 25 et 54 ans, leur taux d'activité est de 77 % avec un enfant, 71,4 % avec deux enfants, 41,7 % avec trois enfants et davantage ;

• elles sont massivement concentrées dans ce qu'on appelle les professions intermédiaires : infirmières, travailleuses sociales, secrétaires, caissières de magasin, standardistes, hôtesses, manucures, etc. On trouve beaucoup moins de femmes parmi les ingénieurs et les cadres techniques (bien que leur nombre ait triplé en dix ans), et parmi les cadres administratifs et commerciaux d'entreprise (29 %) ;

• les agricultrices ne représentent plus que 3,3 % de la population active du secteur ;

• les ouvrières constituent 10 % de la population féminine active, chiffre qui va déclinant. Au fur et à mesure que l'instruction s'étend et que l'industrie fléchit, des transferts s'opèrent vers la catégorie « employés », qui gonfle ;

• dans cette catégorie (48 % des femmes actives : agents de service de la fonction publique, employées administratives d'entreprise, employées de commerce, etc.), on a au moins un CAP et, souvent, un bac + 2 ;

• les commerçantes ou artisanes sont 9 % ;

• 2 % travaillent dans la police ou dans l'armée ;

• en haut de l'échelle sociale, les femmes qui ont fait des études supérieures (850 000) ont colonisé la magistrature (43 % des effectifs) et l'enseignement secondaire (53 %) ; 52 % sont agrégées, mais 26 % seulement ont pénétré l'enseignement supérieur, et 7 % seulement l'université. Il y a là comme un plafond au-dessus de leur tête, qu'on ne leur permet pas de percer, ou rarement. Elles investissent maintenant le secteur de la pharmacie et celui de la médecine. Mais, là aussi, les postes de professeurs sont chers !

En théorie, toutes les grandes écoles où les employeurs, y compris l'État, recrutent leurs cadres supérieurs leur sont ouvertes. Pourquoi les filles y vont-elles aussi peu et se dirigent-elles en si grand nombre, après le bac, vers des études de lettres, de droit ou d'économie ? La thèse selon laquelle elles seraient faibles en maths et en sciences ne tient pas : elles sont aussi bonnes en ces matières que les garçons et souvent meilleures. Une explication pourrait être qu'au moment de choisir la filière qui les conduira à une profession, elles ne sont pas tentées par un avenir fait de compétition intense. Apparemment, les filles n'ont pas le goût inné de la compétition.

À noter qu'il existe une très forte corrélation entre le niveau de formation et le taux d'activité professionnelle. Les femmes les plus diplômées sont souvent plus actives, même lorsqu'elles ont des enfants. Avec trois enfants, elles sont encore 72 % à travailler lorsqu'elles possèdent un diplôme bac + 4, contre 34 % chez les non-diplômées.

> **Leurs diplômes :**
> **Aucun :** 6 500 000
> **CEP :** 4 800 000
> **BEPC :** 1 900 000
> **BEP :** 1 213 000
> **BAC :** 2 251 000
> **BAC + 2 :** 1 306 000
> **Supérieurs :** 850 000

COMMENT SONT-ELLES RÉTRIBUÉES ?

L'écart entre salaires masculins et féminins a été maintes fois dénoncé. Dans le secteur privé et semi-public, il est globalement de 27 %, avec une certaine tendance à se réduire. Qu'est-ce que cela signifie ?

Que les femmes continuent d'occuper en plus grande proportion des postes moins qualifiés que les hommes, et qu'on les y maintient autant que possible. Mais, à qualification égale, l'écart atteint encore jusqu'à 18 % chez les employés qualifiés et chez les cadres confirmés.

Selon que l'on est pessimiste ou optimiste, on dira que ça s'arrangera avec le temps, que le nombre de femmes qualifiées ne cesse d'augmenter, que l'irrésistible mouvement des femmes à l'assaut de la société fera sauter toutes les barrières, y compris celle du salaire, tous les plafonds qu'elles n'ont pas encore dynamités. Le pessimiste dira : « Est-ce si sûr ? »

Les salaires des infirmières ou des institutrices sont parmi les plus faibles, si l'on songe à leur utilité sociale. C'est que, pendant longtemps, infirmières et enseignantes ont été des religieuses — il n'y a pas si longtemps que la France est laïque — et que ces fonctions étaient considérées comme des « vocations » propres aux femmes, donc dévalorisées. Leur faible rémunération est un phénomène culturel incrusté dans les mentalités masculines.

Même attitude de la part des employeurs avec les secrétaires : c'est leur femme de bureau ! Et, puisqu'elles font un « métier de femme »...

Enfin, les femmes occupent 85 % des emplois à temps partiel, non parce qu'elles le souhaitent, mais parce qu'on ne leur offre rien d'autre. Pas toujours, mais souvent, elles acceptent le temps partiel faute de mieux. « Ceux qui rêvent du temps partiel ne sont pas ceux qui le subissent[1]. »

---

1. *Rapport Thomas*, La Documentation française.

COMMENT
LES FOYERS SONT-ILS ÉQUIPÉS ?

Les Françaises disposent d'un équipement très complet, puisque quasiment tous les foyers possèdent un réfrigérateur, un lave-linge, un téléviseur, un aspirateur et, à un degré moindre, un magnétoscope et une chaîne hifi (68 %).

Un grand absent, toutes régions confondues : le lave-vaisselle (35 %). Absence qui mérite réflexion, puisque 85 % des foyers ne font jamais appel à une aide domestique. C'est le cas de 5 % des Françaises seulement (quand le revenu mensuel du couple est supérieur à 24 000 francs).

On s'étonnera dès lors que la corvée type, la vaisselle, celle dont les femmes ont réclamé à cor et à cri qu'elle soit partagée par les hommes, ne soit pas davantage confiée à une machine qui sait si bien s'en acquitter. Il y a là quelque chose de symbolique, comme si c'était le dernier geste par lequel on se déclare ménagère, maîtresse de la maison, du foyer. Et, lorsque l'homme s'en charge, ce qui est relativement fréquent, il accomplit lui aussi un geste par lequel il marque son adhésion à un nouvel ordre des choses.

Quant à l'aide domestique, son utilisation plus que réduite est évidemment liée aux revenus. Mais pas seulement. On ne veut pas d'une étrangère chez soi, « qui mettra son nez dans mes placards » ; on tient à repasser soi-même le « petit linge » et parfois les chemises ; on évacue par là on ne sait quelle culpabilité...

La relation aux tâches ménagères est moins simple qu'il n'y paraît et qu'on ne le croit.

CELLES QUI SONT AU FOYER

Elles sont 2,5 millions en dessous de 50 ans. Six sur dix aimeraient avoir un emploi sans le chercher effectivement[1]. « L'envie de travailler correspond le plus souvent au désir d'obtenir le statut social associé à l'activité professionnelle. »

S'ajoutent à ce désir de reconnaissance l'ennui éprouvé au quotidien, le regret de ne pas avoir de collègues de travail. Souvent, ces femmes « inactives » se plaignent qu'il n'y ait aucun lieu, dans leur ville, où leurs semblables pourraient se retrouver, passer une heure dans l'après-midi, échanger leurs solitudes. Elles ont besoin de parler.

Environ 600 000 « femmes au foyer » ont fait ce choix suite à leur mariage ou à une maternité. Ce sont des mères de familles relativement nombreuses, qui ont parfois travaillé et appartiennent aux classes aisées.

---

1. Enquête de la Direction des recherches du ministère de l'Emploi.

Celles-là, selon l'enquête, éprouvent rarement le sentiment de s'ennuyer. Elles ont le niveau culturel et, davantage encore, le niveau de revenus qui les en préservent. Quant aux autres, non seulement elles n'ont pas d'argent pour « faire des courses » ou aller dans un club de gym, mais elles n'ont pas le droit de s'exposer à la tentation de dépenser.

L'APE — prestation pour élever un troisième enfant jusqu'à 3 ans — a joué un rôle majeur dans la décision de rester à la maison : 200 à 250 000 femmes ont quitté le marché du travail depuis son extension, en 1994, au deuxième enfant. Il y avait 500 000 bénéficiaires en 1997.

COMMENT
SONT-ELLES LOGÉES ?

Françaises et Français ont une âme de propriétaires. Il y en a plus de 10 millions en France, dont la plupart se disent enchantés de leur habitation. Ce qui fait 20 millions de personnes.

Plus intéressant : l'énorme effort qui a permis d'équiper 94 % du parc social du « tout-confort ». Il reste moins de 4 % de logements non équipés. Les locataires ne se plaignent que d'une chose : le bruit.

Les logements sont relativement spacieux. Ceux qui habitent des immeubles construits après 1980 s'en disent à 80 % satisfaits.

LES HOMMES
ET LES TRAVAUX DOMESTIQUES

Si l'on compare le dernier sondage en date[1] aux derniers chiffres connus, on constate qu'avec le glissement des nouvelles générations, les choses ont sensiblement évolué.

Si l'on s'en tient aux moyennes, les femmes consacrent aux tâches domestiques 4 heures 30 par jour ; les hommes, 2 heures 40.

Pendant le week-end, les hommes y consacrent 4 heures 25 (y compris les courses, éventuellement le jardin, les enfants) le samedi et 3 heures 55 le dimanche. Les femmes assurent ces tâches pendant 6 heures le samedi et 5 heures 30 le dimanche.

Les femmes au foyer, elles, font quasiment tout elles-mêmes à raison de 6 heures 30 par jour[2].

---

1. Eurobaromètre, 1990.
2. Cf. *24 heures en France*, Gallimard.

LEUR SANTÉ

Elles se soignent davantage et mieux qu'il y a vingt-cinq ans. Les femmes sont les plus grosses consommatrices de consultations médicales.

Elles utilisent la pilule (46 % des 15-34 ans) ou le stérilet ou les préservatifs (voir le détail par tranches d'âge et catégories sociales dans le sondage IFOP, p. 169).

Parallèlement, elles expriment toutes un intense désir d'enfant. Au moins un. La stérilité est très mal vécue. La France est le plus grand pays « adoptant » après les États-Unis et les techniques de procréation assistée sont de plus en plus sollicitées : de 5 000 à 7 000 enfants naissent ainsi chaque année.

Le nombre d'enfants non désirés est infime (6 % selon Louis Roussel[1]).

On avait prédit l'explosion du nombre des avortements après l'institution de l'IVG ; il n'en a rien été. Aujour-

---

1. *La Famille incertaine*, Seuil, 1992.

d'hui, les chiffres sont stables : ni en hausse ni en baisse. Légèreté, négligence, accident, ignorance, désir inconscient de maternité ? Il y a encore beaucoup à faire, en tout cas, dans le domaine de l'information continue des jeunes femmes.

Elles se déclarent beaucoup plus vigilantes que les hommes dans l'emploi des préservatifs. Néanmoins, sur 56 000 cas de sida déclarés (en 1994), 20 % concernent des femmes.

À l'âge de la ménopause (45-50 ans) qui marquait encore, il y a trente ans, l'agonie de la jeunesse, les femmes bénéficient aujourd'hui de traitements puissants. Ils ne rendent certes pas la fertilité, mais conjurent la sécheresse vaginale et préviennent l'ostéoporose, la fragilité des os, le tassement parfois douloureux de la colonne vertébrale, la fameuse « bosse de bison ». Mal conseillées, mal informées, les Françaises ont longtemps boudé ces traitements. Moins de 10 % des femmes de 50 ans y avaient recours en 1996. Mais les choses ont très vite évolué, en partie grâce aux gynécologues femmes. Les Françaises sont aujourd'hui 30 % à en bénéficier. Celles-là vieilliront bien et garderont longtemps l'aspect et l'énergie de femmes jeunes.

Leur espérance de vie est aujourd'hui de 82 ans. Beaucoup atteindront cet âge en bonne santé. Mais l'espérance de vie des Français est très inférieure : 73 ans. Même si cet écart est destiné à se réduire du fait de la hausse récente de la consommation féminine de tabac, il demeurera.

Mariées, les femmes ont donc la quasi-certitude de se retrouver veuves, puisqu'une règle bien ancrée dans les

Quelques informations de base

habitudes veut qu'on épouse plus âgé que soi. Pour conjurer l'épreuve du veuvage, une femme qui se marie aujourd'hui devrait épouser un homme de 8 à 10 ans plus jeune qu'elle. Une nouvelle révolution à faire[1] ?

Notons enfin que la France détient le triste record mondial des suicides parmi les 15-24 ans, garçons et filles confondus.

---

1. Françoise Forette, *La Révolution de la longévité*, Grasset, 1997.

LA FAMILLE EST-ELLE EN DANGER ?

80 % des enfants vivent avec leurs deux parents. Il faut tout de même le rappeler avant de crier « Au feu ! ». Mais il est vrai qu'un million de femmes élèvent seules leurs enfants. Il y a exactement 13 % des familles qui sont monoparentales, presque toutes (86 %) dirigées par des femmes.

On peut conclure de ces chiffres que la famille traditionnelle est en régression. Elle l'est. Le tableau suivant est à cet égard éclairant :

- baisse du taux de nuptialité : 6,2 en 1980 ; 4,9 en 1997 ;
- baisse du taux de fécondité : 1,9 enfant par femme en 1980 ; 1,7 en 1997 ;
- augmentation des couples non mariés : 4,2 millions de personnes parmi les 29,4 millions vivant en couple, en 1994 ;
- augmentation des naissances naturelles : 11,4 % des naissances en 1980 ; 37,6 % en 1995 ;
- augmentation du taux de divorce : 22,5 % en 1980 ; 38,3 % en 1996[1].

---

1. Données statistiques par H. Léridon et C. Villeneuve-Gokalp, *Rapport de la commission Irène Théry.*

Ces phénomènes se retrouvent dans tous les pays développés. La baisse de la natalité a commencé partout en 1965, elle est plus accusée en Allemagne, en Espagne, en Italie — où elle a pris des proportions alarmantes — qu'en France. Dans ces trois pays, les femmes actives sont cependant sensiblement moins nombreuses que chez nous. Il n'y a donc pas, semble-t-il, de relation de cause à effet. Les tendances démographiques échappent d'ailleurs le plus souvent à toute explication.

Devant ces chiffres, certains s'interrogent : la famille sera-t-elle obsolète au XXIe siècle ? Pronostic absurde : la famille est là, troublée mais vivante, plus que jamais désirée pour sa chaleur par les Français des générations sensibles (25-49 ans). Tous les sondages l'indiquent — le nôtre aussi : la famille, ils en veulent, ils la tiennent pour une valeur première.

On peut aussi observer que la solidarité familiale continue de s'exercer fortement. Les 30-44 ans et plus encore les 40-49 ans aident substantiellement les jeunes ménages (de 1 000 à 1 800 francs par mois) et les 60-75 ans font encore davantage[1].

Mais la famille traditionnelle est déstabilisée par une évolution rapide de la société « qui obéit à trois mouvements de fond : la dynamique de l'égalité des sexes, l'investissement dans la personne de l'enfant et l'allongement de l'espérance de vie[2] ». On néglige souvent ce dernier phénomène. Or, on vit plusieurs vies aujourd'hui.

---

1. Observatoire permanent des marchés de l'épargne.
2. Irène Théry, *Couple, filiation et parenté aujourd'hui*, O. Jacob, 1998.

Quelques informations de base

Ce n'est pas à l'avantage des femmes, même si leur jeunesse s'est sensiblement prolongée. Pour elles, la fraîcheur fait toujours prime sur le marché du travail. Mais c'est là une autre histoire...

Divorcer est une façon de passer d'une vie à l'autre quand la première est insatisfaisante, parce qu'on a encore l'âge de chercher le bonheur et de le chercher précisément dans la famille. De ce fait, le mariage traditionnel en a pris, comme on dit, un sacré coup, c'est vrai...

D'abord le concubinage — ou plutôt, laissons ce terme affreux, disons : l'union libre — est entré dans les mœurs, depuis trente ans, dans toutes les classes de la société qui le tenaient autrefois pour un signe de dévergondage et d'infériorité sociale parce qu'il était courant dans la classe ouvrière. On en est loin : l'union libre concerne aujourd'hui 4,2 millions de Français qui ont assuré, en 1995, 37,6 % des naissances. Un homme et une femme vivant en union libre avec leurs enfants, proches de leurs parents, voire de leurs grands-parents, ne composeraient-ils pas une famille ? Allez le leur dire !

L'augmentation du taux des divorces en l'espace de quinze ans est-il plus préoccupant ? Il faut d'abord préciser que 35 % des couples qui demandent le divorce n'ont pas d'enfant, mais c'est là une réponse insuffisante. Pourquoi divorce-t-on si l'on tient tant à la famille ? Parce qu'on est malheureux. Et il n'y a pas de divorce heureux. C'est toujours un échec, c'est souvent une blessure plus grave pour l'un que pour l'autre. Les femmes divorcées n'aiment pas en parler. Elles disent : « Je n'en pouvais plus... », ou : « Ça devenait intenable », ou :

« On ne pouvait pas continuer à s'engueuler devant les enfants... »

Demander le divorce, de la part d'une femme (76 %), est toujours une manifestation de l'individualisme propre à notre époque. On ne se soumet plus, on ne se résigne plus, on cherche son bonheur personnel. Formidable changement ! C'est majoritairement le fait de femmes appartenant à des milieux modestes. Il y a parfois, là-dessous, de la violence, de l'alcoolisme, de la détresse sociale. Dans une étude de la revue *Esprit* (décembre 1998) Hughes Lagrange observe qu'il y a corrélation entre la violence, le chômage et le déclin de la domination masculine. L'absence d'emploi atteint l'homme dans sa masculinité. L'autonomie des femmes aggrave cette frustration. Alors, pour exprimer sa virilité, l'homme cogne. Un beau jour, les femmes s'en vont les mains vides, emportant leurs enfants auxquels elles sont attachées comme des lionnes. Souvent, quand c'est possible, elles se réfugient chez leurs parents. Ensuite... Globalement, 55 % des enfants de divorcés voient leur père moins d'une fois par mois, et c'est navrant...

À titre indicatif, précisons qu'en Allemagne où les divorces sont aussi nombreux qu'en France, 40 % des enfants de parents divorcés ne voient *jamais* le parent dont ils sont séparés[1].

Certes, la responsabilité des femmes est engagée, y compris pour celles qui revendiquent de garder leur enfant et de le garder seules. Dans tous les milieux, il y

---

1. Louis Roussel, *op. cit.*

a des divorces affreux où l'on s'entre-déchire par avocats interposés et où des femmes hors d'elles vont jusqu'à accuser le père de pédophilie pour le discréditer. Les accusations de ce genre se multiplient. D'autres encore...

Mais il faut bien voir la vérité en face : pour un père légitimement ulcéré d'être évincé, combien y en a-t-il qui ne se sont jamais occupés de leurs enfants jusqu'à ce qu'ils lui échappent ? Et qui ne s'en occupent d'ailleurs jamais plus après ? Qui ne paient pas leur pension alimentaire, qui se désintéressent simplement de la question ? C'est dans ce qu'a été le quotidien de la vie conjugale qu'il faut voir la justification que l'épouse divorcée trouve parfois à sa revendication d'enfant.

Heureusement, il y a aussi ce qu'on appelle des « divorces réussis » où les aménagements concernant les enfants sont discutés et bien acceptés de part et d'autre, et où l'autorité parentale continue à s'exercer en commun. Ce qu'Irène Théry appelle le « mariage indissoluble », celui qui survit au « démariage ». Le plus souvent, ces divorces sont suivis de remariages, d'enfants, et des familles se recomposent de chaque côté, plus solides cette fois.

Les entretiens que j'ai pu avoir avec des femmes divorcées ne permettent pas d'en tirer des statistiques, mais montrent la diversité des situations. Tout bouge, la famille aussi, mais pas seulement pour le pire !

Ce que l'on ne dira jamais assez, c'est qu'un garçon ou une fille qui ne voient pas leur père deviennent des infirmes psychiques. Ils marchent sur une jambe. Je dis bien *leur père*, leur *géniteur*, celui dont ils descendent. Nous avons tous besoin d'avoir des ascendants, et d'ailleurs aussi des descendants. Le meilleur des pères de substitution — il en existe heureusement — ne peut tenir l'emploi du géniteur. On n'a qu'un père, comme on n'a qu'une mère. « La filiation, c'est ce qui assigne une place unique, au sein d'un ordre généalogique, dans la longue lignée des vivants et des morts[1]. » Ce n'est pas une affaire d'autorité, comme on l'entend rabâcher par ceux qui rêvent de restaurer, au moins symboliquement, le martinet ; c'est une affaire d'identité.

Qui suis-je ? Qui d'entre nous n'a pas besoin de pouvoir répondre à cette question ? De se savoir, consciemment ou pas, inscrit dans une chaîne dont on est un maillon ? Autour de 12-15 ans, les adolescents qui se sont éprouvés sans père géniteur retournent leur ressentiment contre leur mère. Nombreuses sont les mères de ces garçons ou de ces filles qui se plaignent de les voir tout à coup insolents avec elle, voire violents. Des enfants qui étaient si gentils... Auxquels elles ont parfois tant sacrifié... Elles en parlent avec des larmes.

Ceux qui se sont engagés dans une procédure de divorce devraient en être informés : se séparer, refaire une seconde vie si on en a l'envie, c'est devenu la route commune à un grand nombre. Mais aimer son enfant, ses enfants, ce n'est jamais effacer leur père ou leur mère. Quant aux femmes qui épousent un divorcé père de famille et qui n'ont de cesse de l'isoler de ses enfants... Soyons modernes, soit, mais civilisées !

---

1. Irène Théry, *op. cit.*

Quelques informations de base

Ne quittons pas la famille sans dire un mot des grand-mères. Leur nombre exact n'est pas connu, mais on sait que la France compte aujourd'hui 6 700 000 femmes de 60 à 75 ans. Elles ne sont pas négligeables comme actrices de la famille, ni d'ailleurs comme actrices sociales. Elles votent, elles lisent, elles consomment... Riches d'expérience et alertes, quand elles sont en bonne santé, autonomes quand leur retraite est décente, elles n'habitent plus, comme autrefois, chez leurs enfants, ce qui désamorce l'antique conflit entre belle-mère et belle-fille. On n'a plus à se supporter soir et matin. Mais toute jeune mère, dotée d'une mère douée d'un peu de tact, sait ce qu'elle lui doit. Nombreuses sont celles qui ne peuvent travailler que grâce à l'existence de leur mère dans la même ville. C'est celle-ci qui transmet aux enfants l'histoire de la famille. C'est elle qui les sécurise en cas de secousses, qui les héberge, éventuellement, les garde quand ils sont malades.

Quand on a une mère à proximité, on est priviligiée. Il faut le lui dire, quelquefois...

La baisse de la natalité, enfin, est préoccupante puisqu'elle signifie, à un horizon rapproché, une diminution du poids relatif de la jeunesse dans la population. C'est que les adultes vivent de plus en plus vieux...

La prolongation de la vie constitue assurément un progrès mais, comme tous les progrès, celui-là a des effets pervers.

Aujourd'hui, grâce au *baby-boom* des années 45, la génération des cinquantenaires est encore pleine. Si l'on en croit le professeur Forette, gériatre renommée, après avoir fait, entre autres, les barricades de Mai 68, elle risque encore de faire parler d'elle[1]. C'est elle qui est en ce moment aux commandes, et les cinquantenaires, hommes et femmes confondus, ont l'expérience et encore le « punch ». Mais ces générations pleines vont vieillir à leur tour et cesser leur activité. Elles vont donc peser lourd, matériellement, sur les générations creuses qui montent. L'âge de la retraite sera très vraisemblablement repoussé, mais, même ainsi... Et ce n'est pas seulement une question d'argent : une jeunesse nombreuse est un ferment dynamique, agité mais irremplaçable...

Peut-on stimuler la natalité ? La Suède a essayé par des mesures sociales. Il y a eu une brève flambée, mais son indice de fécondité vient de repasser sous celui de la France.

Aux États-Unis, en revanche, où le taux de natalité a stagné pendant vingt ans, on assiste à un retournement spectaculaire de la courbe des naissances grâce à un phénomène mécanique : l'immigration massive d'une population latino-américaine féconde.

---

1. Cf. *La Révolution de la longévité, op. cit.*

FAIRE
DE LA POLITIQUE

La politique fait l'objet à tous âges d'un rejet, principalement parmi les plus jeunes. Beaucoup n'ont pas voté à la dernière consultation : « J'avais pas envie... », « Ce sont tous les mêmes... », « Aucun parti ne m'inspire confiance », « Ils prennent nos voix et puis ils s'en mettent plein les poches... », « Ils ne s'intéressent qu'à leur carrière... », « Je n'irai voter que si c'est pour barrer la route au Front national... » — c'est ce que l'on entend le plus souvent. La classe politique a de gros efforts à accomplir pour restaurer sa physionomie aux yeux des Françaises et pour qu'elles se sentent concernées par son action. Citoyennes, et conscientes de l'être !

Quant à faire elles-mêmes directement de la politique... Elles ne sont que 13 % à dire qu'elles se lanceraient dans l'arène si elles en avaient l'occasion (contre 23 % des hommes)[1]. Leur implication est très faible, sauf

---

1. *Rapport pour l'ONU*, La Documentation française.

peut-être pour ce qui concerne la vie municipale, les responsabilités locales en province...

En revanche, les associations où l'on peut être « socialement utile » ont leurs faveurs. Celles-ci se sont multipliées et continuent à croître. On en compte 1 700 ! Humanitaires, secours aux enfants, secours aux vieillards, aide aux déshérités, aux malades, aide tous azimuts —, elles y participent, nombreuses, et en tout cas les approuvent. S'y retrouvent majoritairement — mais pas seulement — des femmes de 40 ans et plus, l'âge où les enfants ne vous mangent plus le temps.

Ces associations sont peu politisées. On sait qu'au fur et à mesure que les Françaises sont entrées dans la vie active et que les générations anciennes ont disparu, le vote féminin est devenu globalement plus favorable à la gauche qu'il ne l'était. Mais ce mouvement s'est stabilisé. Aujourd'hui, on ne saurait dire qu'il y a un « vote féminin », sauf qu'il est moins favorable aux extrêmes.

Cependant, quand on demande aux Françaises s'il serait souhaitable qu'il y ait une plus grande représentation féminine au Parlement, au gouvernement, dans les grands emplois, elles disent oui, oui, oui ! Oui, elles feraient de la politique autrement (74 %). L'image d'Épinal d'une société qui serait une oasis d'harmonie et de justice si le pouvoir était entre les mains des femmes n'est pas loin...

Image fallacieuse. On peut attendre des femmes en politique plus de sensibilité, d'attention aux choses de la vie ; mais trois d'entre elles, et non des moindres, ont montré ce qu'elles peuvent être au sommet du pouvoir : Golda Meir, Margaret Thatcher, Indira Gandhi. Aucune

Quelques informations de base

d'elles n'aimait la guerre, elles l'ont faite. Avec douleur, mais elles l'ont faite. Et ne parlons pas de ce monstre de cruauté fanatique que fut la veuve de Mao Tsé-toung livrée à elle-même...

Non, les femmes ne sont pas que douceur et tendresse. De surcroît, la conquête du pouvoir exigera toujours qu'elles développent leur part virile. Celles qui accéderont aux grands postes ne seront jamais des mauviettes sentimentales. Mais, si elles exercent enfin, nombreuses, des responsabilités, les femmes introduiront dans la vie publique un regard différent, une dimension différente...

On peut même penser que si elles devenaient, par hypothèse, majoritaires dans les instances de décision, elles « calmeraient le jeu », en quelque sorte ; les valeurs viriles — guerre, compétition, domination — devraient composer avec les valeurs féminines, et ce serait là une grande nouveauté.

Certains, récemment, se sont interrogés sur ce que deviendrait une société où les femmes auraient réussi à imposer leurs valeurs. Non pas leurs capacités, mais les attitudes proprement féminines que beaucoup d'entre elles voudraient voir privilégier : la protection de la vie et de la nature, l'attention portée aux plus faibles, la compassion, l'abolition de l'esprit de compétition au bénéfice d'une existence plus douce — pourquoi vouloir toujours aller plus vite, plus haut, plus fort, quelle est cette folie ? —, le frein mis à la recherche scientifique dont les exploits affolent, etc.

Si les femmes étaient un jour assez puissantes pour faire prévaloir de telles valeurs sur les valeurs viriles, naîtrait quelque chose d'encore inconnu à ce jour, où l'on vivrait pauvre, modeste et tranquille, à l'écart des turbulences du monde. Les agités iraient exercer leurs talents aux États-Unis ou en Chine. Nous deviendrions un « parc d'attractions », ainsi que l'avait souhaité un certain Adolf Hitler...

Mais nous n'en sommes pas à envisager une pareille hypothèse. Plutôt un avenir où la France saura conjuguer le meilleur des aspirations féminines et des valeurs viriles.

Les Françaises sont-elles sur le point de parvenir, par la loi, au stade où les politiques devront les entendre ? C'est en tout cas l'objectif affiché du gouvernement qui vient d'introduire dans la Constitution l'article suivant : « La loi détermine les conditions dans lesquelles est organisé l'égal accès des femmes et des hommes aux mandats électoraux et fonctions électives. » Reste à élaborer cette loi. Nombre égal de candidates et de candidats ? Nombre égal d'élus ? Les Françaises y sont favorables à 70 %. Des féministes, et non des moindres, y sont hostiles parce qu'elles y voient le spectre du « différentialisme » et une atteinte à l'indivisibilité de la République (Élisabeth Badinter). Que se passerait-il si, par hypothèse, les Bretons, les Corses, les bouddhistes ou les handicapés réclamaient demain autant de sièges que l'exigerait leur proportion exacte dans l'ensemble de la population du pays ?

D'autres, dont je suis, approuvent la parité hommes/femmes à condition qu'elle ne porte pas en germe une dérive vers la « discrimination positive » en usage aux États-Unis : est choisie systématiquement pour occuper une fonction, un emploi, une femme de préférence à un

Quelques informations de base

homme, ou un Noir de préférence à un Blanc. Les résultats sont désastreux. Sans compter que je tiens pour insultant pour les femmes d'être considérées comme une espèce protégée.

Il convient donc que la loi soit rédigée de telle sorte qu'une pareille dérive soit impossible.

Enfin, il ne faut pas se boucher les yeux : le pouvoir suprême n'est pas d'ordre politique. Il est économique. Et, sur ce pouvoir-là, les femmes n'ont pas encore mis le début d'une main. On peut en dire autant des Américaines, et aussi des Scandinaves, si avancées par ailleurs sur des voies différentes. C'est que le pouvoir économique est devenu beaucoup plus important dans le fonctionnement d'une société que celui qui émane d'une assemblée d'élus.

Mais les conquêtes se font pas à pas...

III

L'enquête de l'ifop

- Ce qui émerge d'une série
  d'entretiens préalables au sondage 129
- Extraits des entretiens de l'IFOP 139

CE QUI ÉMERGE D'UNE SÉRIE D'ENTRETIENS PRÉALABLES AU SONDAGE

• *L'optimisme.*

D'autant plus convaincant qu'il est à peine conscient, cet optimisme n'est ni revendiqué ni démontré. Il rayonne, en quelque sorte, presque à l'insu des interviewées.

Certes, on observe actuellement un certain regain d'optimisme chez les Français. Néanmoins, la bonne humeur qui domine ces interviews est manifestement liée au sujet : parler de soi en tant que femme.

• *Ce sont des personnes asexuées qui prennent la parole, non une minorité concernée par des revendications égalitaristes.*

Il y a dans le discours de ces femmes quelque chose de l'ordre de la jubilation, de la confiance en soi après une partie gagnée.

À approfondir, pourtant, certaines différences parfois importantes entre les classes d'âge, pouvant aller jusqu'à de l'agacement, dans la génération des mères (50 ans), face au manque de combativité des filles (25 ans), tendance qui se dessine d'ailleurs dans nos interviews. Ce serait en somme les plus âgées qui resteraient conscientes de la persistance d'une menace pour les femmes.

• *Un féminisme profond, quoique non polémique.*

Les interviewées ne contestent pas les valeurs du féminisme d'antan, car ces valeurs semblent assimilées, vécues comme des évidences.

C'est la nécessité de combattre qui semble oubliée, bien que les interviewées soient conscientes des inégalités qui subsistent (sphère du travail, de la politique — voir plus loin). Par exemple, une même jeune femme peut juger le féminisme *out...* et souligner l'horreur de la situation des Algériennes ou des Afghanes !

Ce qui domine semble être la certitude tranquille d'un progrès en marche, que rien ne pourra arrêter. Ce qu'elles n'ont pas encore obtenu, les femmes sont en train de le conquérir pas à pas, tranquillement, inéluctablement. La force d'inertie du mouvement joue en leur faveur.

• *Une formidable confiance dans les femmes et leurs potentialités.*

Le discours relatif aux atouts des femmes est si posément ambitieux que la tentation de considérer les hommes comme une espèce inférieure n'est pas loin.

L'enquête de l'IFOP

L'accroissement de la présence féminine dans les différentes sphères de l'activité humaine (travail, savoir, politique) est vécu comme un apport important qui revêt en somme un caractère civilisateur.

• *Les registres des conquêtes déjà assurées apparaissent nombreux.*

C'est le mot « liberté » (plutôt que libération) qui structure le discours :
— liberté dans le couple, égalité, absence de soumission ;
— liberté de choisir le célibat, liberté sexuelle ;
— liberté de réussir professionnellement : « Quand on veut, on arrive » ;
— libertés que l'on doit aux avancées technologiques : pilule, électroménager, aides pour devenir ou rester belle, etc. ;
— le droit au loisir, à « du temps pour soi », devient une exigence résolue et déculpabilisée : on a déjà prouvé qu'on pouvait mener de front travail et vie de famille ;
— etc.

• *Les principaux thèmes pessimistes ne sont pas spécifiques aux femmes.*

Celles-ci partagent avec leurs compagnons les hantises liées à la « crise », la peur du chômage (à la limite, vécu comme plus douloureux, car plus humiliant, pour un homme), les problèmes lancinants liés au manque d'argent.

• *On note cependant un trop-plein qui stimule le « bovarysme » latent.*

Comment faire face à cet immense champ de possibles ? Comment arbitrer entre les plaisirs de l'amour et les contraintes de la vie en couple ? Comment gérer tant de biens matériels, tant d'ouvertures relationnelles ?

Lorsqu'on écoute les femmes interviewées, il semble que la gestion de l'abondance des biens et des choix soit devenue leur principal problème. Le « manque de temps » dont elles se plaignent si souvent apparaît par moments comme l'expression d'un formidable appétit insatisfait.

• *Des attentes déclarées peu nombreuses.*

Les femmes expriment des anticipations positives plutôt que des demandes d'aménagement de la vie en sorte que celle-ci s'adapte mieux à leurs besoins.

Parmi ces anticipations, à noter en particulier une sorte de certitude relative à la conquête du pouvoir politique.

Parmi les attentes, peu de choses, et ce faible niveau d'attentes est explicite.

Quelques émergences, cependant :

— le besoin d'un réaménagement des temps de vie (horaires professionnels, horaires scolaires) ;

— le besoin de lieux de liberté disponibles pour les femmes : lieux d'accueil, lieux de rencontre d'où elles ne se sentent pas exclues, comme c'est le cas à propos des bars...

L'enquête de l'IFOP

CARACTÉRISTIQUES PERSONNELLES
SPÉCIFIANT LES POINTS DE VUE

Au-delà des différences liées à l'âge, la relation à la conjugalité laisse apparaître deux tendances :

— D'un côté, les ferventes du mariage ; celles qui veulent un seul couple, toute la vie. Elles en assument les contraintes. Elles en verrouillent les cadenas, comme cette jeune femme qui a ajouté à un mariage officiel un serment de non-divorce échangé avec son mari ! (Voir, à cet égard, certaines pratiques juridiques, aux États-Unis, qui rendent le divorce particulièrement difficile.) En somme, elles semblent percevoir une tragique démonétisation du mariage contre laquelle elles cherchent à se prémunir.

— À l'inverse, les célibataires militantes. Celles-ci s'étendent complaisamment sur les joies d'une vie sans homme. Sur le plaisir d'assumer seule. Sur la satisfaction d'être sans maître (surtout chez les divorcées). Sur la merveilleuse simplicité d'un quotidien géré par une femme qui a du sens pratique... Tout va bien, tout va si bien que l'idée de replonger dans le mariage paraît exclue. Et pourtant ! Reste le grave problème sexuel, décrit dans des termes quelquefois douloureux.

Contrairement aux femmes vivant en couple que nous avons interrogées — et qui se disent sexuellement heureuses —, les femmes seules se disent mal à l'aise dans une vie sexuelle basée sur des conquêtes et des aventures sans lendemain. Il serait intéressant de comparer leur point de vue avec celui des hommes célibataires : est-ce que l'échangisme leur convient mieux ?

Allant plus loin, certaines femmes s'interrogent sur ce mystérieux besoin d'un homme qu'elles ressentent profondément sans réussir pour autant à comprendre ce qu'il leur apporterait : cette sorte de questionnement les trouble.

L'IMAGE DES HOMMES

Le discours relatif aux hommes n'est pas très flatteur pour eux. Deux types d'hommes sont décrits, tous deux inadaptés à la réalité contemporaine :

— Le macho impénitent, celui qui n'a rien compris. C'est en général celui que les divorcées ont quitté. C'est aussi celui auquel les « actives » se heurtent dans leur vie professionnelle. C'est enfin celui qui bloque tout désir de se lancer dans la vie politique.

— L'homme moderne qui s'est adapté en adoptant une vision « féminine » des choses. À noter que c'est la « féminisation » qui sert à qualifier ce type d'homme dont les interviewées plaignent et déplorent la fragilité.

La dégradation des valeurs masculines ne semble pas vécue comme un danger. Par exemple, les interviewées n'évoquent guère les conséquences de cette dégradation sur l'éducation des enfants.

L'enquête de l'IFOP

LES SPHÈRES D'INTÉRÊT

• *La coexistence vie familiale/vie professionnelle.*

C'est bien entendu le thème dominant : fortement relayé par les médias, le discours est facile et assez stéréotypé. À noter cependant :
— L'importance soulignée du temps et des soins prodigués aux enfants. Il serait intéressant de démêler la part du devoir dans tout ce bonheur déclaré.
— Le caractère irrévocable de l'implication dans le monde du travail (valorisé même par les non-actives) : une garantie d'indépendance, un lieu relationnel, un moyen d'obtenir reconnaissance et estime de soi.
— Le sentiment d'une compatibilité difficile, d'un manque de temps chronique. Le thème actuel de la réduction du temps de travail occulte quelque peu la réflexion, compte tenu de sa trop grande évidence salvatrice. Reste un vrai problème, avec des arbitrages difficiles et fortement ressentis face à des solutions multiples (travailler moins, modifier ou assouplir les horaires, travailler à distance, etc.).

• *Se réaliser dans tous les domaines.*

La difficile gestion du temps n'exclut pas la volonté ambitieuse et largement partagée de « réussir dans tous les domaines ». D'où l'importance frappante accordée à une sorte de « droit aux loisirs » qui constitue un thème important dans les interviews, bien qu'il ne soit pas exprimé comme une revendication, mais comme une volonté active.

Le champ des loisirs s'ouvre sur de nombreux registres :
— la pratique de hobbies personnels ou partagés avec d'autres (mari, enfants, amis) ;
— la beauté, les vêtements, les soins ;
— du temps « égoïste », avec des exemples de stratégies bien organisées pour le préserver.

• *Les nécessités de la vie domestique.*

Celles-ci semblent devenues bien légères, ce que les femmes attribuent au partage avec le mari et à l'aide apportée par l'électroménager.

On peut néanmoins se demander si l'accession à des centres d'intérêt plus valorisants (notamment professionnels) n'explique pas la désinvolture frappante qui caractérise désormais ce sujet, par opposition aux griefs d'autrefois.

L'aménagement du foyer ou du jardin, de son côté, est plutôt décrit comme un plaisir qui relève de la sphère des loisirs.

• *La vie relationnelle.*

L'appui familial et la sécurité qu'il offre constituent un thème actuel que les femmes interviewées restituent d'une manière assez classique.

Le cercle des amitiés constitue également un cercle protecteur, mais l'idée d'entraide entre femmes n'apparaît guère.

L'implication dans la vie associative joue un rôle important chez certaines interviewées, notamment en province ; même celles qui n'ont pas d'activité de ce genre lui accordent de l'intérêt.

Cet intérêt contraste avec le peu d'implication politique, sauf peut-être — aussi en province — pour ce qui concerne les responsabilités locales.

• *La relation de couple.*

Le seul point uniment observable, c'est la très grande importance qui lui est accordée et le partage de certaines valeurs communes, en dépit de l'extrême diversité des situations :

— importance accordée à une sexualité réussie ;

— importance du partage des tâches, des responsabilités, mais aussi et peut-être surtout du pouvoir ;

— tendance à discourir sur le thème du partage tout en s'appropriant de nombreuses décisions relatives à la vie commune.

S'il semble exister une sorte d'idéal partagé, les situations personnelles sont en revanche on ne peut plus différentes d'une interviewée à l'autre, et les niveaux de satisfaction très divers.

EXTRAITS
DES ENTRETIENS
DE L'IFOP

> Sabine
> 32 ans, mariée
> Un enfant de 7 mois
> Hôtesse standardiste
>   intérimaire
> Région parisienne

« Il y a des hauts et des bas dans un couple. Ma vie n'est pas toujours facile, financièrement surtout.

J'ai épousé un divorcé qui avait deux enfants. C'est un peu compliqué. Ils ont quatorze et douze ans. Ils ne savent pas ce qu'ils veulent : vivre chez leur père ou chez leur mère... Ils manipulent l'un et l'autre... On a eu de gros problèmes... On a eu des moments de séparation, presque...

Les sous, il y a des moments difficiles, mais je ne demande pas d'être riche. Il faut pouvoir manger, s'habiller, voyager et prendre des vacances, c'est tout.

L'agréable, c'est le confort à la maison. Là, j'ai tout ce qu'il me faut. Ça, c'est un grand progrès pour les femmes. Les vêtements, on achète, mais pas des vêtements chics, pas des marques... Il n'y a que les parfums... Les parfums, oui, c'est des marques. Mon mari et moi, on est « marques ».

La sexualité, c'est très important aussi ; moi j'ai besoin de ça, oui, je suis portée... Mon mari aussi. Sans trop... comment on dit quand c'est trop pervers ? On n'est pas pervers.

Mon métier d'intérimaire est très aléatoire. Je peux travailler trois jours de suite une semaine, quatre une autre... Je dois être à disposition. Maman garde la petite la semaine... C'est le repassage que j'aime pas trop... Mon mari, il repasse, il fait la vaisselle, il peut même faire à manger.

Avant, les hommes étaient fiers, c'était honteux. Maintenant, l'homme se sent égal à la femme, il n'a pas honte de ce qu'il fait à la maison.

Pour moi, la place des femmes va rester comme elle est, elle est très bien, je ne vois pas pourquoi elle changerait davantage. Elles veulent peut-être faire encore plus de choses, mais bon, elles en font déjà pas mal, je ne vois pas où elles veulent aller encore... Il faut savoir ce que l'on veut, aussi. Ou élever ses enfants, ou les donner à la crèche tout le temps. Si vous les voyez jamais, vos enfants, vous devenez PDG ou autre...

Elles sont plus exigeantes, alors, c'est plus difficile de trouver un mari, mais elles osent, elles osent foncer.

La femme, aujourd'hui, je la trouve pas mal. Elle est active, indépendante, elle sait ce qu'elle veut, elle dit ce qu'elle veut, elle fait ce qu'elle veut, elle a du caractère, et elle est davantage considérée. Elle fait très attention à elle, beaucoup plus qu'avant ; c'est beaucoup grâce aux médecins. Il ne faut pas vouloir ressembler aux mannequins et autres top-models. Des fois, on devient malade, on fait de la boulimie, de l'anorexie, oui, oui ! Ce qu'il faut, c'est être bien dans sa tête. Pour plaire, il faut d'abord se plaire à soi-même...

Si je me plais ? Ça va pas mal, merci ! » (*Elle rit.*)

Emmanuelle
25 ans, mariée
  2 jeunes enfants
Inactive
Mari dans l'immobilier
A été secrétaire de direction
Cherche un travail intéressant à temps partiel
Milite dans une association d'aide aux
  femmes en détresse pour les dissuader
  d'avorter
Se dit qu'un jour, elle fera de la politique
Se déclare spontanément « plutôt à droite »
Région Centre

« Mes enfants, mon mari et ce que je suis devenue ? Sans vantardise, je suis contente de ce que je suis...

On est devenues plus intéressantes pour les hommes... Les femmes ont changé la manière de se percevoir et elles ont forcé les hommes à les percevoir autrement. Donc, ça a changé.

C'est aussi la liberté de pouvoir disposer de soi-même, de prendre la pilule, même de pouvoir avorter ; ça, c'est primordial. (*Plus loin, elle dira qu'elle est contre l'avortement, mais « pas de façon obtuse ».*)

On n'a plus l'autorité de l'homme, cette espèce de pouvoir autocrate qu'ils avaient, ce qui faisait qu'ils décidaient tout pour nous. Ça, c'est terminé, et c'est une bonne chose... Et puis, la possibilité de pouvoir travailler ou de ne pas travailler, c'est formidable...

Quand on a deux enfants, la technique, c'est fabuleux... Et la péridurale... On bénéficie d'un système de santé, c'est fabuleux... Et au niveau des cosmétiques... C'est fou ce que la science fait pour nous... Il y a un confort pas possible, on est très écoutées au niveau du consommateur...

Mes craintes, c'est l'avenir. Les sciences qui avancent à une allure phénoménale, et pas forcément dans le bon sens. Toutes ces histoires de procréation. On repousse tout le temps les limites. Moi, ça me fait peur...

Ma plus grande joie, c'est d'être porteuse d'espoir. La femme, c'est la gardienne des traditions, des valeurs morales. La valeur de l'argent, du travail, tout passe par la mère... Il faut qu'on garde absolument notre statut de femme. Ça, c'est important. Pour moi, c'est fini, la révolution féministe, c'est *out*, absolument !

On s'est juré de ne jamais divorcer, d'être heureux ensemble, avec ou sans argent...

Son côté macho, c'est qu'il croit que je ne peux pas changer une ampoule ; bon, ça on s'en fout ! J'ai une copine complètement soumise à son mari, ça, ça me fait halluciner !

L'enquête de l'IFOP

Mes loisirs ? Je lis beaucoup. C'est aussi de regarder des séries débiles à la télévision, de faire des jeux débiles sur l'ordinateur... Nous avons aussi beaucoup d'amis... J'ai deux très bonnes copines avec lesquelles on se dit tout.

Si j'en avais les moyens, j'adorerais acheter des fringues... Et faire un drainage lymphatique pour maigrir. Ça a l'air un peu con, mais les régimes, ça m'obsède. L'image de soi, c'est important. Le regard des autres...

La sexualité, ça a changé, ce n'est plus perçu de la même manière. Il ne faut pas se boucher les yeux, il ne faut pas crier haro sur les homos... Ça va se calmer, de ce côté-là, à mon avis... »

Françoise
49 ans, mariée
Une fille unique étudiante
Animatrice-démonstratrice
   dans les grandes surfaces
Son mari a une bonne situation dans
   l'industrie automobile
A été fortement engagée dans l'action
   associative
Région parisienne

« Ce qui me pèse le plus, c'est la répétition des tâches ménagères, mais c'est pour tout le monde pareil... Mon travail n'est pas très gratifiant, mais j'ai été tout de même contente de le trouver. J'avais été pendant huit ans secrétaire de direction, avec de sérieuses responsabilités ; ça me plaisait beaucoup, malgré la charge de travail, parfois jusqu'à vingt et une heures... Puis la boîte a déménagé, trop loin pour que je puisse la suivre. La petite est née, je n'ai pas cherché ailleurs. Mon mari était content que je m'arrête...

Quand j'ai voulu reprendre, je n'avais jamais travaillé sur du traitement de texte, je n'ai rien trouvé dans le secrétariat... On disait : « Trente-cinq ans ? Oh là là ! Ma pauvre dame ! Il faut vous recycler. » Mais le recyclage coûtait cher. On m'a proposé des postes miteux... Et je me suis retrouvée dans ce boulot-ci.

Je travaille pratiquement huit à neuf heures par jour, toujours debout : le monde, le bruit... Je suis seule dans mon travail. Le samedi soir, je suis fatiguée, j'ai encore des tas de paperasses à faire à cause de mon boulot... Je le fais le samedi, parce que le dimanche on reçoit... J'aime beaucoup ça, et si on ne reçoit pas le dimanche, les gens ne viennent pas la semaine...

Pour ma fille, c'est bien qu'on fasse la fête pour un oui, pour un non...

Mon mari, il est supergentil, généreux, courageux, passionné par ce qu'il fait... On est d'égal à égale, tous les deux, on s'entend très bien... Je suis bien tombée, il est gentil.

L'égalité... Il y a une ségrégation pas possible entre hommes et femmes au niveau du travail. (*Elle donne une série d'exemples concrets.*) Je dis qu'une femme, on l'attend au tournant. Les femmes, tout ce qu'elles ont réussi, eh bien, elles l'ont gagné ! C'est très très dur et très long... Et pourtant, ça bouge quand même !

L'enquête de l'IFOP

J'ai bien aimé cette journée des femmes pour l'Algérie... et ce qu'ont fait les femmes corses...

Les petites jeunes qui arrivent, il va falloir vraiment qu'elles se battent...

Non, être une femme, c'est pas facile. Ça dépend des chances qu'on a au départ. Si on a la chance d'être intelligente, d'avoir pu faire des études, si on a la chance de pouvoir exercer le métier qu'on aime, ça, c'est formidable. Toutes celles qui sont « à la tête », en haut, c'est formidable, mais il y en a très peu...

L'avantage d'être femme ? Évidemment, si je compare à la vie du temps de ma mère : pas d'études, des enfants à la chaîne... C'est incomparable... »

Claire
39 ans, mariée
5 enfants
Inactive
Région de Lille

« J'ai peur pour mes enfants, qu'ils aient pas de travail. Autrement, je suis heureuse, j'ai tout ce que je veux avec mon mari, je ne manque de rien. Mais, pour mes enfants, j'ai des craintes...

Mon mari est cariste. Il a été au chômage deux ans, mais il s'est recasé. S'il n'y a plus de travail, c'est la misère.

On voit des familles, ça se dispute sans arrêt. Chez nous, ça va. On est beaucoup ensemble... Nos loisirs, en famille, c'est le vélo, tous les dimanches...

La maison, elle est bien aménagée. Chez nos parents on faisait la lessive à la main et on travaillait vingt-quatre heures sur vingt-quatre. Nous, on a un peu de temps, quand même... J'ai le sèche-linge, j'ai tout.

La beauté, l'élégance, je n'y pense pas, j'ai des complexes : je me trouve grosse. J'ai de grosses jambes, alors je me laisse un peu aller. Mon mari râle un peu là-dessus. Il est, comment dire, amoureux. Après vingt ans, si on doit sortir et que mon habit ne lui va pas, il dit : « Allez hop, va te changer ! » Il est gentil, très gentil...

C'est l'argent, pour moi, le plus difficile. Quand il y a des grands, ils veulent des marques pour s'habiller, ils vont pas se mettre des jeans à cinquante francs. Ils veulent pas se ridiculiser aux yeux des copains... Ils sont exigeants, là-dessus. Même la petite, elle commence à vouloir des marques...

On s'occupe beaucoup plus des enfants qu'avant. Avant, on ne se faisait pas autant de soucis pour eux.

J'aimerais faire plus de promenades, mais il y a le travail ménager. Avec cinq enfants, ça fait nombreux... Et mon mari, il est vétilleux là-dessus, vraiment... La maison doit être impeccable.

Je les fais déjeuner à midi, et puis je fais ma petite vaisselle, après je regarde mon feuilleton, *Les Feux de l'amour*. (Le dimanche, ma belle-mère vient, alors on en discute.) Et puis je monte voir s'il reste un peu de repassage, je mets la lessive en route, et puis il est l'heure d'aller chercher Émilie à l'école... Au retour, je lui donne à goûter. Après, je vais faire les courses...

Dans l'après-midi, j'ai une voisine qui vient. On prend un café, on parle... On se sent moins seules.

L'enquête de l'IFOP

Le soir, les enfants mangent à dix-neuf heures trente, nous deux à vingt heures, et après on regarde le film.

Il y a pas mal de choses pour la femme, maintenant, au niveau médical : de tout, de tout... Mes filles, quand elles seront mariées, elles travailleront, elles auront toujours plein de trucs à faire, elles auront moins d'enfants, elles dîneront au restaurant... Moi, je dis : trois enfants au maximum ! À partir de trois, il faut laisser le travail à l'homme. »

Sylvie
40 ans, célibataire
Sans enfant
Commerçante dans l'habillement
Souffre d'une allergie attribuée à des produits chimiques contenus dans l'alimentation
Rennes

« J'ai une bonne qualité de vie. Je ne suis pas hyper-angoissée, stressée, comme d'autres. J'ai des clientes un peu chiantes, des petits différends avec les fournisseurs. Des petit agacements, c'est tout...

Je suis célibataire, je gagne bien ma vie, donc je suis indépendante. Célibataire, ce n'est pas un choix : si je rencontrais demain l'homme de ma vie, je serais plutôt très heureuse, mais bon, pour l'instant, ce n'est pas le cas. Pourquoi pas demain ? Tout n'est pas perdu !

Une femme qui drague, c'est mal perçu. J'ai été aux États-Unis : là-bas, à la limite, c'est le contraire, ce sont les hommes qui se font draguer. Les femmes sont devenues tellement masculines que leur comportement ne correspond plus à leur enveloppe. Elles sont agressives, c'est caricatural. En France, on est tout aussi indépendantes, mais plus posées...

Je reconnais que j'ai moins d'aventures que je n'en aurais s'il n'y avait pas le sida. Je suis une vagabonde sexuelle et je présume que ceux que je rencontre le sont aussi. Donc, souvent, quand j'impose le préservatif, c'est vraiment « imposer », parce que la plupart des hommes ne veulent pas en mettre...

Oui, le sida fait partie de mes craintes, mais bon...

L'important, maintenant que j'ai réussi à peu près ma vie professionnelle, ce serait de réussir ma vie affective. Oui, ça serait ça : les deux à égalité, ça me conviendrait parfaitement. Le travail, c'est l'indépendance et c'est la liberté. En France, on a beaucoup de libertés, les gens ne se rendent pas compte...

La politique, j'avoue que je m'en désintéresse. C'est important, mais, à l'heure actuelle, je trouve que les partis sont assez proches les uns des autres. Sauf le Front national qui se distingue dans son horreur... Les autres, c'est à qui s'en est mis le plus dans les poches... Bon, demain, si je savais que le Front national allait passer au deuxième tour, je m'exciterais peut-être un peu. Même sûrement ! Sinon, non...

Je crois qu'en France, les femmes sont les égales des hommes. J'ai des amis hommes, plus âgés. C'est vrai que, quand je discute avec eux, ça les agace, à la limite, que j'aie un point de vue. Pourtant, soixante ans, ce n'est pas très vieux... Donc, ils tolèrent, mais ça les agace...

L'enquête de l'IFOP

Par contre, un homme de quarante ans ou plus jeune, qu'une femme émette un avis, ça ne le gêne plus.

Dans la plupart des couples, il y a un subtil mélange entre le dominant et le dominé. À chaque fois, il y a une espèce de rapport de forces qui s'instaure, quoi ! Mais des personnes intelligentes et équilibrées doivent pouvoir vivre ensemble sans entretenir en permanence des rapports conflictuels, non ? »

Solange
50 ans, mariée
Une fille étudiante, bac + 5
A fait sa carrière à travers plusieurs entreprises
Aujourd'hui directrice de clientèle
   dans un grand groupe pétrolier
Région parisienne

« J'ai toujours travaillé. J'ai eu un plan de carrière. Je suis bien dans ma peau, je suis bien entourée ; je trouve que c'est bon, la vie...

Certains jours, je suis un peu fatiguée, parce que je me lève à six heures trente, que je ne rentre guère avant vingt heures, que je dois aller à Londres, où nous avons une filiale, deux fois par mois. Mais je me dis que j'ai de la chance d'avoir du travail. J'arrive à la cinquantaine. Je me dis qu'un jour ou l'autre... Chez nous, on vire et on ne remplace pas... À cinquante ans, on est trop chère pour le genre de poste que j'ai...

Dans mon métier, il n'y a pas de ségrégation. J'ai monté les échelons de la hiérarchie sans problème. J'ai été une des premières femmes cadres de France. J'ai travaillé avec des hommes assez célèbres, qu'on connaît sur les marchés, ils ne m'ont jamais mis de bâtons dans les roues, tout en étant assez machos...

On n'a pas besoin d'être une star, bien qu'il y ait aussi ce côté-là. Vous êtes embauchée parce que vous êtes un peu sexy : ça marche le temps que ça marche, et puis... J'ai connu cela quand j'étais plus jeune, j'ai même eu un procès avec un de mes patrons, et je l'ai gagné !

Les femmes d'affaires sont très bonnes. Regardez Chantal Thomass qui vient de se battre pour garder sa marque... Je trouve ça génial ! Une femme, elle va jusqu'au bout des choses, elle se bat jusqu'au bout. Regardez la juge Eva Joly...

Je ne suis pas politique, mais je reconnais qu'il y a des femmes qui ont marqué leur temps... Simone Veil... Françoise Giroud... C'est important, parce qu'on n'a pas l'impression de se battre toute seule.

Les jeunes, il y en a peu, actuellement, qui ont le tempérament gagneur, gagnant. La génération est beaucoup plus *cool*... Je vois ma fille : elle est brillante dans ses études, elle fait une grande école, mais ce n'est pas une battante.

Dans ma vie professionnelle, j'ai eu des déboires, je ne les ai pas pris comme une condamnation à me coucher et à pleurer. J'ai connu des nuits blanches... Oui, j'ai eu de la chance, mais la chance, ça se provoque ! Le gars qui dit : « Je ne gagne jamais au Loto » et qui n'achète pas de billet, il ne peut pas gagner...

On s'entend bien, avec mon mari. Il a horreur de danser, moi j'adore ça, mais ce n'est pas grave. Si je vais au théâtre avec ma fille et qu'il préfère aller discuter de stratégie de satellites avec des Japonais, on ne se prend pas la tête... Je suis indépendante, il est libre.

Dans une société bien organisée, les femmes ne devraient pas être obligées de faire le larbin chez elles. Le partage des tâches, c'est fondamental... Mon mari, vous lui donnez un caddie, il ne sait pas ce qu'il faut mettre dedans, il lui faut une liste, mais il y va, c'est déjà pas mal... Il n'y a pas de travail déshonorant à la maison, ni pour l'un ni pour l'autre... La seule chose que je refuse de faire, c'est la déclaration d'impôts !

Il n'y aura plus de femmes au foyer en l'an 2000, à part celles qui ne veulent rien faire...

Il y a vingt ans, les femmes ne parlaient pas ; maintenant, une fois sur deux, ils disent encore : « Tu n'as rien compris ! » (Je ne parle pas de mon mari, je parle des gens.) Mais ça va changer, ça change, parce qu'il y a pas mal de femmes au gouvernement.

Une présidente de la République, pourquoi pas ? Vous avez des personnes comme Martine Aubry, qu'on soit de son côté ou pas, elle est intelligente, elle va de l'avant. Guigou aussi...

Au point où elle en est, la condition des femmes n'avancera que s'il y a des femmes à la tête... »

> Béatrice
> 35 ans, célibataire
> Monitrice-éducatrice
> S'occupe d'enfants
>   handicapés
> Région Sud-Ouest

« Je travaille, la nuit, en internat. Alors, le matin, je dors. Ensuite, je n'ai pas assez de temps pour moi... Je suis militante féministe...

« Féministe », le mot avait quelque chose de péjoratif pour moi, jusqu'à ce que je quitte Paris. Ça venait des années 70. Les dures, les pures, les folles... En fait, quand j'ai entendu le discours de l'association de Toulouse, je me suis dit : « Mais je suis féministe, moi aussi ! » Et je me suis lancée dans le militantisme.

Je fais un métier que j'aime. Avant, je n'aimais pas, j'étais plutôt dans le commercial... À trente ans, j'ai tout plaqué et je suis arrivée ici. J'ai galéré, j'ai réfléchi... J'ai la formation qu'il fallait pour trouver le travail que je voulais... Être utile...

Mon ami, quand il a envie d'aller au foot, il va au foot. Et moi, quand j'ai envie de sortir avec des amies, je le fais, mais ce n'est pas dans les mœurs. Moi, je suis libre... Indépendante financièrement, c'est très important... Sans ça, si un jour on veut partir, on ne peut pas...

Pour moi, partager ma vie avec un homme est très difficile. J'ai l'impression de reproduire le schéma de ma mère. Des fois on se laisse piéger, on ne s'en rend pas compte tout de suite, ça vient tout seul, doucement, c'est insinuant... Quand on se réveille un jour, c'est bo-

L'enquête de l'IFOP

bonne... Et ça, je ne suis pas d'accord ! Mais, pour un homme, c'est très difficile d'avoir une femme en face de soi qui puisse se débrouiller toute seule, prendre des décisions. C'est pas évident.

Avoir un enfant, j'y pense. Mais je ne sais pas si j'ai envie d'un père... Élever un enfant seule, ce n'est pas non plus évident. Il faut que je prenne une décision. Sans enfant, c'est vrai que, quelque part, j'aurai un manque...

Travailler avec les hommes, c'est pas simple. Il y a toujours un rapport de séduction qui joue. Alors, si on ne veut pas jouer ce jeu-là... Je suis féministe, mais pas féminine, dans mon genre. J'ai eu droit à des réflexions. Il a fallu que je bosse vachement dur pour qu'on arrive à me considérer.

Pour les femmes, c'est toujours l'apparence qui compte d'abord... On est des objets. Aux terrasses des cafés, il y a des petits jeunes ou moins jeunes qui regardent passer les filles et qui les soupèsent... C'est horrible. Ça me hérisse le poil. Ça me fait le même effet que si on passait un diamant sur le carreau d'une fenêtre.

Ce que j'aimerais faire, c'est m'investir dans le syndicalisme pour les femmes... Et, à plus long terme, monter une structure d'accueil pour les femmes toxicomanes, prostituées, ex-prostituées...

Socialement, c'est un handicap d'être une femme. Mais c'est vrai que beaucoup de choses ont changé en bien. (*Elle les énumère et finit par la « liberté vestimentaire », le pantalon.*) Cependant, chez mon frangin, je gueule parce que sa femme ne fait rien, alors qu'elle ne travaille pas, et que lui se tape le repassage, le ménage, la cuisine. Il ne faut tout de même pas inverser les rôles !

Pour l'avenir, ma crainte est qu'il y ait une régression à cause des extrémismes, qu'ils soient politiques ou religieux. On entend beaucoup parler du retour à la famille, du retour à la maison... Oui, la régression, c'est ce que je crains... »

> Estelle
> 36 ans, divorcée
> Remariée avec un homme divorcé, père de 2 enfants, garagiste
> Travaillait dans un centre aéré avant de le rencontrer ; a décidé d'arrêter pour être disponible
> Dans la journée, voit des « copines », fréquente un club de gymnastique, fait des courses
> Tient la comptabilité de son mari
> Région Sud-Ouest

« J'ai beaucoup galéré, dans ma vie... Après mon divorce, j'ai pas bouffé tous les jours. Mais je n'ai cessé de croire au grand amour. Je me disais : tu vas rencontrer l'homme de ta vie. Eh bien voilà, ça s'est fait.

Maintenant, je suis privilégiée. J'ai ma maison, j'ai mon jardin, un beau bateau, un bon mari. Mais il y a des moments où on se dit : « Femme au foyer, c'est bien, mais c'est pesant... » Ça m'arrive de m'ennuyer. De faire des orgies de gâteaux.

À la maison, on a tendance à se négliger, on ne se maquille plus. J'ai eu une période où je me suis laissé aller. Et puis mon mari me l'a fait remarquer...

L'enquête de l'IFOP

Un week-end sur deux, et pendant les vacances scolaires, on a les gosses. Ça arrange tout le monde que je sois à la maison, ça c'est vrai. La gamine a quinze ans. C'est un peu ma rivale. Quelquefois, c'est difficile...

Il arrive qu'il me dise : « Ce soir, je vais voir du foot avec les copains, après on se fera une bouffe au restau, m'attends pas. » Moi, j'en fais autant avec des copines, on est très libres. Des fois, j'ai envie de râler, mais je ne dis rien. La vie de couple, c'est quelque chose de très difficile, qu'il faut travailler au quotidien.

Pour l'argent, on a un compte joint et je ne rends jamais de comptes. Y en a pas lourd, parmi mes copines, qui pourraient en dire autant ! Le jour où je devrai demander l'autorisation d'acheter quelque chose, c'est qu'il se sera passé quelque chose de terrible ! Ce jour-là, je reprends le boulot le lendemain !

C'est fini, les femmes soumises, à part quelques-unes qui cassent la baraque en acceptant n'importe quoi. Elles se sont beaucoup battues, mais elles ont conquis leur liberté. Quand je pense à ce qu'est encore la condition de ma mère, avec un mari insupportable... Enfin, cette soumission lui a peut-être plu...

Maintenant, les femmes ont droit à la parole, elles ont droit au pouvoir ; il y a encore beaucoup à faire, mais elles sont sur la bonne voie...

Moi, je suis heureuse dans la vie que je mène... sauf que, des fois, j'ai vraiment envie d'avoir une occupation. »

> Sophie
> 26 ans
> En instance de divorce
> Enceinte de 8 mois
> Agent commercial
> Maîtrise de
>   psychologie
> Région Sud-Ouest

« Il a tout laissé en plan. C'est de ma faute... Au départ, on avait le même but : fonder une famille, avoir des enfants. Pendant deux ans, ça s'est très bien passé. Il était agent hospitalier, moi je travaillais dans un centre aéré. On était toujours collés ensemble, scotchés... Et puis j'ai eu l'occasion de devenir agent commercial pour une fabrique de vêtements. C'est dur : on est tout le temps à rouler, il y a toute une paperasse, mais ça paye très bien, et puis on voit du monde... Ça me plaisait beaucoup. Ça me plaisait tellement que ça m'a mangée. Des fois, je partais des trois-quatre jours d'affilée. Ça sépare un couple, ça... On a passé trop de temps à se croiser, quoi !

Quand je suis tombée enceinte, parce que j'avais arrêté la pilule qui me faisait grossir, maigrir, grossir (je trouvais pas la bonne !), on a été contents. Mais je n'ai pas voulu m'arrêter de travailler, de courir les routes... Ça, il ne l'a pas avalé. Il est parti. Il y avait plusieurs jours qu'il m'avertissait, mais je ne l'ai pas écouté... J'ai été égoïste, insupportable. Moi, je n'aurais pas supporté que mon mari parte toute la semaine. J'ai visé trop haut. Je voulais réussir dans mon métier.

Il me reste mon bébé. Porter son enfant, c'est bien d'être une femme, rien que pour ça ! Mais, malgré tous les progrès qu'on a eus, la vie est toujours plus facile pour les hommes. Ils ne sont pas tiraillés.

Même si je rencontre quelqu'un, avec un enfant ça corse bien les choses. Parce que je n'envisage pas de vivre toute seule, non !... »

> Clotilde
> 34 ans, célibataire
> Bibliothécaire
> Région Centre

« Célibataire, c'est voulu, mais pas à cent pour cent... J'aime beaucoup les enfants... En même temps, je me vois difficilement éduquer des enfants avec quelqu'un. Il faudrait que ce soit dans un espace assez grand... Je n'arrive pas à m'imaginer vivant avec le père... Il faut vraiment être sur la même longueur d'onde...

L'homme a beaucoup moins d'importance dans la famille... Ça n'empêche pas le machisme, au contraire. L'égalité, on n'y est pas encore. Mais je pense qu'on y arrivera.

Les femmes vont avoir de plus en plus d'importance dans tous les domaines : politique, intellectuel, commercial.

Mais il faut faire attention par rapport aux acquis : la contraception, l'avortement, le droit au travail ; tout ça, ce ne sont pas des choses qui sont dues. On peut les perdre. Il peut y avoir un retour en arrière. Quelquefois, on entend des gens, ça fait peur ! Il faut vraiment faire très attention... »

> Paule
> 28 ans, divorcée
> Infographiste
> Licenciée économique
> Région parisienne

« Je retrouverai quelque chose. Le principal, c'est d'avoir confiance en soi...

J'espère aussi trouver un compagnon, l'homme de ma vie, et pouvoir vivre avec lui de façon harmonieuse, sans empiéter l'un sur l'autre, en respectant la liberté de chacun, mais en s'assurant un soutien réciproque. J'ai besoin de sécurité. Pas financière — ça, c'est mon affaire —, mais affective.

Je ne me vois pas dans le genre « femme au foyer ». J'ai besoin d'avoir ma place dans la société, de contribuer à son bon fonctionnement ; il me faut mon travail, mes amis pour me sentir bien, pour m'épanouir.

Un jour, j'aurai peut-être un enfant, une famille. Il faudrait qu'il y ait suffisamment de travail pour qu'on puisse s'arrêter quand on en a envie, reprendre quand on en a envie. Ma famille passerait avant tout.

Il y a eu un bond en avant énorme dans la condition des femmes. Énorme... Il reste beaucoup de choses à faire, mais bon, on est en train... Un jour, on sera égales.

L'enquête de l'IFOP

Quelque part, ça fait peur aux hommes, je crois. Ils ont peur de ne pas être à la hauteur... »

> Laure
> 33 ans, divorcée
> Sans enfant
> Monteuse de films
> Paris

Cette jeune femme a un bon métier, très bien payé, irrégulier, mais, entre les périodes de travail, elle est indemnisée par les Assedic. Cependant, c'est un torrent de lamentations.

« On travaille de plus en plus sous pression. Les délais sont de plus en plus courts, les salaires diminués. Et si on n'accepte pas ces conditions, un autre les accepte. Il n'y a plus aucune solidarité. D'ailleurs, il n'y en a nulle part. C'est chacun pour soi dans tous les domaines. La société est de plus en plus dure avec l'économie qui se met en place. Les gens sont là pour être rentables, comme des machines. On est des machines ! Les relations avec les gens, c'est devenu n'importe quoi. Tout le monde est stressé, squeezé, replié sur soi.

C'est devenu très difficile de vivre avec un homme. Les gens se blindent au niveau affectif, ils ne veulent plus d'engagements, ils sont tellement concentrés sur leur propre personne que les autres ne les intéressent pas. La société est de plus en plus individualiste.

Quand j'ai divorcé et que je me suis retrouvée dans le clan des femmes seules, je me suis sentie quelque part amoindrie... Des amis m'ont soutenue. Ou plutôt des amies, des femmes... Les gens qui n'ont aucun ami et tout, je me demande comment ils font pour ne pas devenir fous. Si on garde tout pour soi, c'est comme une cocotte minute, on finit par exploser...

Moi, je voudrais qu'on vive dans une société plus *cool*, où il y aurait les 35 heures, moins de voitures et de pollution (cette horreur !), où personne ne serait pressé, où on aurait le temps de s'écouter les uns les autres...

Je n'aurais pas apprécié d'être une nana qui lave les chaussettes de son homme, non ! Franchement, je ne crois pas. L'indépendance et la considération, c'est sans prix.

Il n'y a plus un couple stable... Donc, toujours assurer ses arrières, pouvoir reprendre très vite son indépendance.

On va leur demander de plus en plus, aux femmes, elles auront de plus en plus de responsabilités dans la famille, dans le travail, et on continuera à leur demander d'être séduisantes ! Mais on ne reviendra pas en arrière. C'est sans retour... C'est comme si on demandait aux Israéliens de rentrer chez eux et qu'on redonnait leurs terres aux Palestiniens... »

L'enquête de l'IFOP

> Cécile
> 29 ans, célibataire
> Enceinte
> Chirurgien-dentiste
> Ses journées de travail sont lourdes : il lui arrive d'être encore à son cabinet à 20 heures et elle passe un après-midi par semaine à la Faculté
> Région parisienne

« J'ai choisi d'être mère célibataire. Je n'ai aucun grief contre les hommes, mais je m'imaginais mal vivant avec quelqu'un. Et j'avais envie d'un enfant. Le mariage, c'est important, il ne faut pas le rater... Je vais peut-être y venir, parce que je veux que mon enfant voie son père tous les jours.

J'apprécie beaucoup d'être une femme. Quelle différence avec il y a trente ans ! Les femmes ont gagné, tout ! Elles ont gagné une liberté d'expression, gagné de gérer leur vie comme elles l'entendent, de gérer leur porte-monnaie...

Vous prenez une femme qui vit seule : aujourd'hui, c'est normal. À l'époque, elle était hiérarchisée, quelque part. Aujourd'hui, personne ne va la juger ; c'est fantastique, moi je trouve ! Vivre sans jugement de la société, c'est une liberté !

J'adore mon métier mais il est très exigeant. Alors le dimanche, je le passe à faire mon petit gâteau, à faire mon petit repassage ; je passe quelquefois la journée à astiquer ma petite maison, voilà. C'est un besoin de féminité. Cela me repose de la mâchoire de mes patients ! »

> Lydia
> 29 ans, séparée
> Une fille de 10 ans
> Professeur de musique au Conservatoire de sa ville
> Région Ouest

« J'adore ce que je fais, j'adore enseigner, je ne vois pas le temps passer. Ce qui m'embête, c'est le ménage, les courses, faire à manger. Je ne suis franchement pas une femme d'intérieur... J'aime les choses simples : jouer avec ma fille, qui est adorable, flâner pour m'acheter des petits trucs, un bon bouquin, un beau disque, des petites choses comme ça... J'aime parler aux gens, les écouter. On parle tout le temps de la communication, et les gens ne communiquent plus !...

Pendant dix ans, j'ai fait énormément d'orchestre, et vivre avec des gens qui vous tirent dans les pattes, on ne sait même pas pourquoi, c'est horrible... Au mieux, ils sont indifférents. J'ai vécu dans des immeubles de quinze étages avec dix locataires par palier, c'est à peine si on se disait bonjour... Moi, je ne supporte pas. J'ai besoin d'avoir une vie sociale, d'avoir des amis, de voir plein de gens... C'est terrible, de se sentir seule.

Maintenant, je suis engagée dans quelque chose d'associatif et je crois que cette association peut faire bouger des choses, ouvrir des portes, même au niveau politique. C'est important. Je ne suis pas engagée à gauche ou à droite, j'ai voté pour éviter qu'il y ait des extrêmes. Là, je crois qu'il faut se méfier, qu'il y a vraiment un danger, qu'on peut faire quelque chose. Ne serait-ce que discuter, discuter avec des gens d'extrême droite, les écouter et essayer de les influencer. Même si on ne leur dit qu'une petite phrase de rien du tout, ça peut faire tilt dans leur tête...

L'argent, c'est important, bien sûr. Mon « ex » ne pensait qu'à ça. Quand on s'est séparés, je me suis mise à bosser comme une malade pour assurer une bonne vie à ma fille, et puis j'ai compris qu'on pouvait vivre avec moins d'argent et avoir une meilleure qualité de vie... Maintenant, j'ai trouvé l'équilibre.

L'amour, ça fait souffrir... Un grand coup de passion, c'est l'horreur. À éviter ! Moi, je suis quelqu'un de passionné, alors je sais ce que c'est. Ça peut être immense et en même temps... Après... Bon, c'est une expérience qui m'est arrivée, ç'a été très court ; la personne, après, partait dans un autre pays. J'ai mis six mois à m'en remettre. On se sent seule, complètement seule...

Avec mon « ex », ç'a été autre chose. On était sur deux routes complètement différentes. On s'engueulait tellement que c'était invivable. Et puis, on se dit qu'on a encore le temps de vivre autre chose. Il ne faut pas vivre un enfer toute sa vie, comme ça ! J'ai décroché. Si je refais une vie de famille, elle sera en béton, en béton armé !

La sexualité, c'est primordial. J'ai passé sept ans toute seule. C'est vrai qu'une femme peut s'imposer l'abstinence plus facilement qu'un homme, mais il y a des moments où on craque. Alors je deviens à moitié tarée. Tout à coup, je me mets à sortir, et puis je fais une rencontre, et puis voilà, ça fait du bien...

Cet aspect mis à part, c'est vrai que j'aimerais vivre avec un homme dans l'amour et le respect mutuel, faire des choses ensemble, être à deux pour passer les vacances, et le soir de Noël. Enfin, bref, mener une vie de famille, quoi ! Si cela doit arriver, cela arrivera. Mais je suis très heureuse comme ça...

Heureuse dans mon temps qui m'a apporté, comme à toutes les femmes, la liberté : liberté de travailler, liberté financière, liberté de me séparer... Sinon, je vivrais en enfer... »

Isabelle
49 ans, divorcée
Un fils de 12 ans qu'elle élève seule, sans
 problème (le père le voit peu, mais le voit)
VRP
Travaille depuis l'âge de 15 ans
Donne une matinée par semaine
 aux Restos du Cœur
Région Centre

« Moi, je suis bien dans mon statut de femme, et pourtant je vis seule...

Les femmes ont assez de caractère pour s'imposer. Une femme qui réussit réussira plus par envie personnelle que par la mégalomanie qu'un titre va lui inspirer...

Le plus important, c'est la santé. Il faut absolument préserver la Sécurité sociale.

L'avantage que ma profession m'offre, c'est que je peux gérer mon temps. J'ai eu mon enfant tard. Je voulais qu'il ait une maman présente. Je pense que, depuis que les femmes travaillent, il y a beaucoup plus de délinquance.

Biologiquement, la femme a une force que l'homme n'a pas. Elle est plus téméraire. Les hommes sont lâches.

Avant, on rencontrait des hommes protecteurs. Je ne les regrette pas. J'ai rencontré un homme superprotecteur, je ne le regrette pas. Mais il y a moins d'hommes forts, je les trouve dépressifs. La femme avance tellement qu'elle leur fait peur !

Un homme, on le surprend toujours par notre envie de vivre, d'exister. Ils ont l'impression qu'ils n'ont plus leur place, quelquefois. D'ailleurs, on rencontre de plus en plus d'homosexuels, parce qu'ils se tournent vers l'homme ; ils n'ont plus envie de découvrir la femme...

Le progrès technologique est très important, mais l'homme régresse par son comportement.

Ce qui me serait le plus difficile ? À la limite, de partager ma vie avec un homme. Le même espace. On devrait vivre dans des appartements séparés.

Ne serait-ce que dans le gouvernement, on met maintenant un peu plus de femmes, on essaie quand même de faire participer la femme, on lui demande ses avis. Donc, on s'est rendu compte que la femme n'est pas inutile.

Les hommes vivent quelque chose de plus difficile que nous. Être au chômage à cinquante ans, ça casse des familles. Ils le vivent très mal.

Les femmes peuvent vivre sans homme plus facilement que l'inverse... »

> Viviane
> 52 ans, divorcée
> Remariée avec un homme divorcé
> 5 enfants à eux deux
> Des petits-enfants
> Agent de la CAF
> Région parisienne

« Le matin, j'ai une heure trente de trajet pour me rendre à mon travail : bus, métro, RER, bus... Je termine ma journée vers seize heures, et je refais le trajet en sens inverse. Je ne m'en plains pas, c'est le lot de la majeure partie des femmes. Et encore, je n'ai pas d'enfants en bas âge ; j'ai déjà donné, il y a longtemps...

En semaine, je dîne seule avec mon mari. C'est le moment où on se retrouve, le moment du dialogue... Après, mon mari regarde la télé... Moi, la télé... je préfère prendre un livre ! Le week-end, on fait la foire avec les copains. On danse...

On devrait pouvoir prendre sa retraite quand on en a envie. Moi, par exemple, je voudrais pouvoir continuer après soixante ans, parce que je fais un travail qui me plaît : le social, ça me plaît. J'ai l'impression d'être utile, je rends service, je rends des gens heureux...

Le travail, c'est une émancipation. Je ne suis pas à la merci de mon mari, comme l'étaient ma mère et ma belle-mère. Ma pauvre mère ne sortait de chez elle qu'une fois par semaine pour aller à la messe avec une copine...

Moi, je peux m'acheter ce que je veux, c'est une liberté très très appréciable... Et puis, il y a le contact avec les collègues, avec les allocataires de toutes les couches de la société.

L'enquête de l'IFOP

J'aimerais bien voir mes petits-enfants, qui sont en province, plus souvent, mais pas pour materner, je n'ai pas la fibre extramaternelle développée... Garder les petits-enfants pour le week-end, ce n'est pas mon truc. Ils ont des gosses, qu'ils les gardent ! De temps en temps, je dépanne, mais c'est tout.

Mais je sais que, dans cinquante ans, mon fils pourra leur parler de sa mère, de moi. Si je n'avais pas eu d'enfant, personne, dans cinquante ans, ne parlerait de moi...

Il y a encore beaucoup d'inégalités entre hommes et femmes dans la vie professionnelle, mais, autrement, tout a changé. Liberté financière, liberté de changer de mari ou d'amant, peu importe. La pilule... Si ma mère l'avait eue, elle n'aurait sûrement pas eu cinq enfants ! Liberté de parler : ça, c'est très important. Les hommes sont beaucoup moins machos. Mon mari, c'est souvent qu'il fait tourner une lessive, qu'il prépare le dîner ou qu'il débarrasse la table. Mon père, lui, je ne l'ai jamais vu soulever une fourchette. On a atteint un bon niveau, il faut surtout qu'on ne revienne pas en arrière...

Sauf dans l'éducation des enfants ! On les gave, on les bourre de choses matérielles dont ils n'ont aucun besoin, et on ne les éduque plus. Des jeunes qui sortent en boîte à quatorze ans, je trouve ça navrant... Moi, j'ai transmis à mes enfants l'éducation que j'ai reçue.

Les femmes vont gouverner le monde aussi bien que les hommes, parce qu'elles ont autant de capacités. Il y en a d'autres qui l'ont fait : Cléopâtre... Je ne me fais pas de souci pour ma fille, elle connaîtra ce que je n'aurai pas eu le temps de connaître...

Je suis si parfaitement contente de mon sort que je n'arrive pas à trouver ce qui me manque. Je vois mes collègues : elles en bavent ! Elles ont les petits à la maison, mais elles viennent travailler, car elles s'expriment par leur travail. C'est une façon de dire : je suis là, même si je suis une femme ! »

LE SONDAGE

1. **La hiérarchie des priorités**
   Les désirs prioritaires des femmes
2. **Les femmes et la vie amoureuse**
   Les femmes et leur situation amoureuse
   Ce que les femmes attendent le plus d'un compagnon de vie
   La famille comme condition essentielle pour vivre heureux
   L'incidence du sida sur la vie amoureuse
3. **Les femmes et leur situation professionnelle**
   Le degré de satisfaction du métier exercé
   La propension à cesser de travailler si les femmes ont le choix financièrement
4. **Les femmes par rapport aux hommes**
   Le sentiment d'oppression des femmes
   L'identité des femmes par rapport aux hommes
   La perception de la situation féminine
5. **Consommation de tranquillisants et moyens de contraception**
   La fréquence de prise de tranquillisants
   Le moyen de contraception utilisé

*(Sondage réalisé les 14 et 15 mai 1998 sur un échantillon représentatif de la population féminine de 521 femmes, âgées de 15 ans et plus.
La représentativité de l'échantillon a été assurée par la méthode des quotas [âge, profession du chef de famille] après stratification par régions et catégories d'agglomérations.)*

1.
La hiérarchie des priorités

Question : Quelles sont, parmi les suivantes, vos deux priorités essentielles[1] ?

	EN PREMIER %	AU TOTAL %
Vivre une bonne relation de couple	41	72
Avoir des enfants et le temps de vous en occuper	37	69
Avoir le temps de faire ce qui vous intéresse	12	32
Réussir votre vie professionnelle	10	26
Ne se prononcent pas	—	—
TOTAL	**100**	(*)

(*) Total supérieur à 100 % en raison des réponses multiples.

---

1. Pour toutes les questions, on trouvera en annexe la ventilation des réponses par âge, profession, agglomération, proximité politique, statut marital, nombre d'enfants.

Principaux enseignements

• *Des priorités de vie très clivées.*

Les femmes âgées de 15 à 59 ans désignent deux priorités essentielles : vivre une bonne relation de couple (71 %) et avoir des enfants et le temps de s'en occuper (66 %), avant d'avoir le temps de faire ce qui les intéresse (33 %) ou de réussir leur vie professionnelle (29 %).

Des priorités qui relèvent de leur rôle de mère et d'épouse et qui varient fortement en fonction de trois types de critères :

— Le statut d'active ou d'inactive : les femmes inactives sont bien plus nombreuses que la moyenne (37 %) à citer la réussite de leur vie professionnelle comme étant une de leurs priorités essentielles.

— Le fait d'avoir ou non des enfants : c'est un critère qui clive fortement les réponses. Ainsi les femmes qui n'ont pas d'enfant citent la réussite professionnelle comme une priorité très forte (52 %, juste après le fait de vivre une bonne relation de couple, avec 58 %), alors qu'elle tombe à 15 % chez les femmes qui ont au moins un enfant.

— L'âge : la hiérarchie des priorités diffère totalement de la moyenne chez les jeunes femmes de 15-24 ans. Ces dernières, en effet, aspirent en premier lieu à réussir leur vie professionnelle (58 %) avant de vivre une bonne relation de couple (52 %) ou d'avoir des enfants (47 %).

• *Cet ensemble de clivages renseigne sur la véritable interprétation qui doit être faite des résultats à cette question.*

— Les femmes qui ont une activité professionnelle et qui sont mères expriment non pas un arbitrage entre plusieurs possibilités qui s'offriraient à elles, mais la difficulté de concilier l'ensemble de leurs rôles. Tout se passe comme si elles avaient le sentiment que leur rôle professionnel s'accomplit au détriment de leur rôle de mère et d'épouse.

— En revanche, les jeunes femmes ou celles qui n'ont pas d'enfant expriment clairement un choix de vie, celui de réussir avant tout leur vie professionnelle.

2.
Les femmes et la vie amoureuse

Question : Parmi les propositions suivantes, dites-moi quelle est celle qui se rapproche le plus de votre situation actuelle ?

	ENSEMBLE %
Vous avez un compagnon et vous vous sentez très amoureuse de lui	64
Vous n'avez pas de compagnon et vous ne souhaitez pas particulièrement en trouver un	17
Vous avez un compagnon mais vous n'avez pas encore rencontré l'« homme de votre vie »	9
Vous n'avez pas de compagnon et vous cherchez à en rencontrer un	6
Ne se prononcent pas	4
TOTAL	**100**

Question : Vous personnellement, qu'attendez-vous le plus d'un compagnon de vie ?

	ENSEMBLE %
Se sentir aimée	32
Fonder une famille	31
Se sentir protégée	11
Stabiliser un foyer	11
Ne plus se sentir seule	11
Satisfaire des désirs sexuels	1
S'assurer un revenu financier	—
Ne se prononcent pas	3
TOTAL	**100**

Question : Diriez-vous que fonder une famille est une condition essentielle pour vivre heureux ?

	ENSEMBLE %
Oui	73
Non	26
Ne se prononcent pas	1
TOTAL	**100**

Question : Vous personnellement, diriez-vous que l'apparition de la maladie du sida a beaucoup, plutôt, plutôt pas ou pas du tout modifié votre vie amoureuse ?

	ENSEMBLE %	
Oui, beaucoup	7	17
Oui, plutôt	10	
Non, plutôt pas	11	82
Non, pas du tout	71	
Ne se prononcent pas	1	
TOTAL	**100**	

Principaux enseignements

• *Des femmes majoritairement amoureuses des hommes avec lesquels elles vivent.*

70 % des femmes interrogées ont un compagnon et se sentent très amoureuses de lui. Un pourcentage qui monte à 92 % chez les femmes mariées ou vivant maritalement.

En revanche, et comme l'avait déjà esquissé le compte rendu d'étude (p. 275), la situation des femmes célibataires est moins enviable et peu homogène :

— 47 % d'entre elles ne sont pas satisfaites, soit qu'elles aient un compagnon qui n'est cependant pas l'homme de leur vie (22 %), soit qu'elles cherchent à en rencontrer un (25 %).

— *A contrario*, 21 % vivent sereinement leur célibat et le revendiquent comme tel : elles n'ont pas de compagnon et ne souhaitent pas particulièrement en trouver un.

À noter également la spécificité des jeunes femmes âgées de 15 à 24 ans : 64 % d'entre elles ont un compagnon, et, parmi elles, 19 % seulement disent qu'elles n'ont pas encore rencontré l'« homme de leur vie ». Faut-il voir là un signe de stabilité précoce au sein d'une classe d'âge traditionnellement marquée par des amours mouvementées et passagères ?

• *L'attente majeure à l'égard d'un compagnon de vie : fonder une famille.*

Les femmes expriment deux attentes à l'égard d'un compagnon de vie : fonder une famille (37 %), se sentir aimée (34 %) — bien avant stabiliser un foyer (12 %) ou se sentir protégée (9 %). Deux attentes qui s'expriment fortement, quels que soient l'âge et le statut professionnel.

• *La famille : une valeur de référence qui transcende les générations.*

Une hiérarchie d'attentes qu'il convient de rapprocher d'un autre résultat de l'enquête : 70 % des femmes de 15 à 59 ans disent que fonder une famille est une condition essentielle pour vivre heureux.

Si ce jugement est plus marqué au fur et à mesure que les interviewées avancent en âge (75 % pour les 50-59 ans), il reste largement majoritaire, même chez les plus jeunes (63 % des 15-24 ans).

Les célibataires (à 57 %) font également majoritairement de la famille une des conditions du bonheur.

La famille reste néanmoins une valeur « politiquement » marquée : 79 % des sympathisantes de l'UDF et du RPR en font une condition du bonheur, contre 62 % des sympathisantes du PS.

• *Le sida : une cause de modification de la vie amoureuse des jeunes femmes.*

21 % des femmes âgées de 15 à 59 ans disent que l'apparition de la maladie a modifié leur vie amoureuse ; un chiffre qui cache de fortes variations selon les catégories de femmes considérées.

Ainsi, l'incidence du sida est fortement corrélée à l'âge (37 % des 15-24 ans ont modifié leur vie amoureuse, 26 % des 25-34 ans, 11 % des 35-49 ans), mais dépend également en grande partie du type de profession exercé (32 % des cadres supérieurs et professions libérales ont modifié leur comportement, contre 10 % des ouvrières).

L'incidence de la maladie est enfin nettement plus perceptible dans l'agglomération parisienne (30 %) que dans les communes rurales (15 %).

• *La pilule : le moyen de contraception le plus utilisé.*

La pilule reste le moyen de contraception le plus utilisé : par 35 % des femmes âgées de 15 à 59 ans.

Seules 13 % des femmes interrogées utilisent le préservatif (6 % l'utilisant seul, 7 % accompagné de la pilule), principalement des jeunes femmes âgées de 15 à 24 ans (28 %).

3.
Les femmes et leur situation professionnelle

Question : Vous personnellement, êtes-vous très satisfaite, plutôt satisfaite, plutôt pas satisfaite ou pas du tout satisfaite du métier que vous exercez ?

	ENSEMBLE	
Base : femmes actives, soit 40 % de l'échantillon	%	
Très satisfaite	36	} 86
Plutôt satisfaite	50	
Plutôt pas satisfaite	7	} 12
Pas du tout satisfaite	5	
Ne se prononcent pas	2	
TOTAL	**100**	

Question : À votre avis, si vous aviez le choix, financièrement parlant, cesseriez-vous de travailler pour autant ?

Base : femmes actives, soit 46 % de l'échantillon	ENSEMBLE %	
Oui, certainement	35	} 58
Oui, probablement	23	
Non, probablement pas	21	} 41
Non, certainement pas	20	
Ne se prononcent pas	1	
TOTAL	**100**	

Principaux enseignements

• *Des femmes globalement très satisfaites de leur situation professionnelle.*

87 % des actives occupant un emploi se déclarent satisfaites de leur métier, et, parmi elles, 37 % se disent très satisfaites. Cette satisfaction affichée par l'immense majorité des femmes revêt cependant des intensités différentes selon les catégories de femmes considérées :

— 48 % des 25-34 ans sont très satisfaites du métier qu'elles exercent, proportion qui n'est que de 26 % chez les 15-24 ans.

— De la même manière, 58 % des cadres supérieurs et des femmes exerçant une profession libérale sont très satisfaites de leur métier, contre 15 % des ouvrières.

• *Travailler : un choix plus qu'une nécessité pour un peu moins de la moitié des actives.*

58 % des femmes interrogées, si elles en avaient le choix, financièrement parlant, cesseraient de travailler, contre 41 % qui continueraient.

Pour ces dernières, le fait de travailler reste un choix, au-delà des nécessités financières, notamment pour les jeunes femmes (58 % des 15-24 ans), celles qui exercent une profession libérale ou qui sont cadres supérieurs (48 %), les célibataires (69 %) et celles qui n'ont pas d'enfant (59 %).

4.
Les femmes par rapport aux hommes

Question : Vous personnellement, vous sentez-vous opprimée par les hommes ?

	ENSEMBLE %	
Dans votre vie privée		
Oui, tout à fait	2	} 6
Oui, plutôt	4	
Non, plutôt pas	13	} 92
Non, pas du tout	79	
Ne se prononcent pas	2	
TOTAL	100	
Dans votre vie professionnelle (*)		
Oui, tout à fait	3	} 12
Oui, plutôt	9	
Non, plutôt pas	13	} 86
Non, pas du tout	73	
Ne se prononcent pas	2	
TOTAL	100	

(*) Question posée aux femmes actives uniquement, soit 46 % de l'échantillon.

Question : À votre avis, aujourd'hui pour une femme, est-il plus indispensable que pour un homme, aussi indispensable que pour un homme, moins indispensable que pour un homme :

	Plus indispensable que pour un homme	Aussi indispensable que pour un homme	Moins indispensable que pour un homme	NSP	TOTAL
	%	%	%	%	%
D'avoir une vie de couple	16	69	12	3	100
De réussir sa vie professionnelle	13	72	14	1	100
D'avoir un emploi	11	70	18	1	100
De se sentir libre sexuellement	11	66	17	6	100
D'avoir des loisirs	10	84	5	1	100

Question : Par rapport à chacune des situations suivantes, vous personnellement, vous sentez-vous plutôt résignée, plutôt indifférente ou plutôt révoltée par :

	Plutôt résignée	Plutôt indifférente	Plutôt révoltée	NSP	TOTAL
	%	%	%	%	%
Les différences de salaire entre les femmes et les hommes, à poste égal	7	14	78	1	100
La faible présence des femmes dans la vie politique	11	50	37	2	100
Le harcèlement sexuel	2	14	82	2	100

Principaux enseignements

• *Les femmes considèrent majoritairement qu'elles ont les mêmes besoins fondamentaux, les mêmes droits que les hommes.*

Réussir sa vie professionnelle (70 %), avoir un emploi (71 %), avoir une vie de couple (73 %) ou se sentir libre sexuellement (73 %) sont jugés aussi indispensables à l'homme qu'à la femme.

Une indifférenciation des rôles qui s'énonce sur le mode du constat, de la normalité, et qui évacue par là même toute idée de revendication.

Seuls certains préjugés restent néanmoins présents, mais à la marge, notamment chez les femmes les plus âgées : ainsi, pour 29 % des 50-59 ans, avoir un emploi est moins indispensable pour une femme que pour un homme ; de la même manière, 23 % des femmes de 50-59 ans considèrent que la liberté sexuelle est moins indispensable pour une femme que pour un homme.

• *Dans ce contexte, elles ne se considèrent pas comme opprimées par les hommes.*

6 % seulement des femmes se sentent opprimées par les hommes dans leur vie privée. Seules les divorcées et séparées déclarent à 15 % souffrir d'une oppression masculine dans leur vie privée.

Les femmes se sentent un peu moins libres dans leur vie professionnelle, puisque 13 % des actives s'y sentent opprimées par les hommes, voire 22 % pour les 15-24 ans.

• *Le harcèlement sexuel et les différences de salaire : des situations jugées majoritairement révoltantes.*

Le harcèlement sexuel révolte 84 % des Françaises, particulièrement les employées (90 %) et les femmes mariées (86 %) ou vivant maritalement (87 %).

Les différences de salaire entre les femmes et les hommes, à poste égal, apparaissent également comme une situation qui révolte les Françaises : 79 % d'entre elles se déclarent plutôt révoltées, proportion qui monte à 85 % chez les 50-59 ans, et même à 95 % chez les cadres supérieurs et les femmes exerçant une profession libérale.

Mais le sentiment de révolte ne se manifeste pas avec la même intensité face à la faible présence des femmes dans la vie politique : 53 % se déclarent plutôt indifférentes à une telle situation, contre 36 % qui restent plutôt révoltées et 10 % qui sont plutôt résignées.

L'indifférence envers cette faible représentation des femmes est particulièrement marquée chez les femmes âgées de 25 à 34 ans (66 %), alors que la génération de « leurs mères » est davantage révoltée par cette situation

(48 %) et semble plus combative sur cette question. Mais, ainsi qu'on l'a souligné, cette relative indifférence affichée par les plus jeunes témoigne moins d'un manque d'intérêt que de la certitude tranquille que les femmes y prendront une place de plus en plus prépondérante à l'avenir.

5.
Consommation de tranquillisants et moyens de contraception

Question : Et vous personnellement, vous arrive-t-il très souvent, parfois, rarement ou jamais de prendre des tranquillisants ?

	ENSEMBLE %
Très souvent	6
Parfois	9
Rarement	9
Jamais	76
Ne se prononcent pas	–
TOTAL	**100**

Question : Quel moyen de contraception utilisez-vous actuellement ?

	ENSEMBLE %
La pilule (seule)	26
Le stérilet	10
Le préservatif	5
La pilule et le préservatif	5
Un autre moyen de contraception	2
Les contraceptifs locaux	1
Aucun	51
Ne se prononcent pas	–
TOTAL	**100**

IV

Vingt portraits à bâtons rompus

(de 18 à 60 ans)

Nathalie, 18 ans
Inactive
Région parisienne

F. G. Qu'est-ce que vous faites dans la vie ?
— Rien.
— Vous avez arrêté vos études ?
— J'ai mon bac. Je reprendrai. Mais j'ai pris une année sabbatique pour être amoureuse...
— Papa-maman vous entretiennent ?
— Maman.
— Elle travaille, maman ?
— Oui, elle est chef dans l'administration.
— Qu'est-ce que vous faites toute la journée ?
— Je dors, je dors beaucoup... Ma mère, ça la rend folle ! J'écoute de la musique... Je vais au cinoche... Je fais du lèche-vitrines... Les habits, j'adore ! Il y a des habits dingues, aujourd'hui !

LES FRANÇAISES

— Et celui dont vous êtes amoureuse ?
— Lui, il bosse. Il prépare des examens. Il a une piaule à lui. Pour baiser, c'est commode.
— Vous croyez vraiment que vous reprendrez vos études ?
— Oui. Pourquoi pas ? J'étais très bonne en maths. Je voudrais faire de la chimie.
— Je ne comprends pas...
— C'est parce que vous êtes vieille. Oh, pardon...

Claire, 19 ans
Étudiante en droit
Habite chez ses
   parents
Région parisienne

Claire a un portable. Elle téléphone tout le temps. Le soir, en rentrant, elle téléphone à sa meilleure amie (« Comme tout le monde », dit-elle), et ça peut durer une heure. Avant l'existence du portable, ça rendait sa mère folle.

F. G. Votre ambition ?
— Être magistrat.
— Vous voulez vous marier ? Avoir des enfants ?
— Des enfants, oui, quand je serai tombée sur un homme de qui j'aurai envie d'avoir des enfants. En attendant, pilule et préservatif ! J'en ai toujours un dans mon sac.

Vingt portraits à bâtons rompus

— Vous êtes sensible au féminisme ?

— Bof ! Ça va continuer tout seul, pour les femmes ! Je déteste les femmes agressives.

— Votre mère s'est beaucoup battue, en son temps, pour les femmes. Vous, quel est le combat de votre génération ?

— Contre le fascisme naissant, contre le FN. Tous mes copains, garçons et filles, sont d'accord sur ce point.

— Vous lisez ?

— Oui, beaucoup.

— Quels sont vos soucis, en ce moment ?

— Mes études, ça marche, mais je souffre d'avoir grossi. Les trois kilos superflus, c'est un combat de ma génération ! (*Elle rit.*) Sérieusement, quelque chose me consterne : j'habite un quartier populaire. Quand je rentre chez moi, je suis effrayée par les mômes de dix-douze ans. Les autres font des plaisanteries sur mon passage quand je porte une jupe courte, mais ce sont les petits qui me lancent : « Putain ! »

— Des petits machos en herbe, en somme.

— De pauvres gosses, oui.

— Vous avez observé une discrimination entre garçons et filles ?

— À la fac, non. Pas du tout. D'ailleurs, je crois que cette discrimination n'existe pratiquement plus. Toutes les voies sont ouvertes aux femmes. Mais j'ai entendu dans le métro un homme dire : « Si les femmes cessaient de travailler, il n'y aurait plus de chômage en France... » J'ai frémi.

> Malika, 19 ans
> Étudiante
> Ses parents sont
>   algériens
> Région parisienne

F. G. Pour quelle équipe étiez-vous pendant la Coupe du monde ?

— Pour l'équipe de France. Je suis française.

— Le triomphe de Zidane vous a fait plaisir ?

— Oui, énormément. Ça montre aux Français que tous nos hommes ne sont pas des voyous. Et à nos garçons, qu'ils ne sont pas condamnés à végéter en France à cause de leur « faciès », comme vous dites...

— Quelles études faites-vous ?

— Sciences économiques.

— Vos parents vous approuvent ?

— Mon père est résigné. J'ai menacé de m'enfuir s'il ne me laissait pas libre. Mais ce sera plus difficile pour mes petites sœurs. Elles ont peur de lui...

— Tout de même, il sera fier si vous réussissez.

— Je ne sais pas. La fierté n'a pas le même sens pour lui. Si j'étais un garçon, ce serait différent.

— Comment sont vos relations avec les étudiants de votre âge ?

— Très bonnes. Il n'y a pas de problème. Ce sont les plus vieux qui sont odieux. Ils ne supportent pas que je sois française...

— Vous voulez faire quoi, plus tard ?

— Je voudrais trouver le moyen d'utiliser mes compétences au service des femmes algériennes. Par contre, le terrorisme, là, je n'y peux rien. Mais, par rapport à leur statut, qui est infâme... Elles sont traitées comme des débiles mentales. C'est la jeune génération qui peut changer cela, parce que c'est une affaire de mentalités. Quand j'entends des femmes se plaindre ici...

— Vous n'avez pas envie de faire une carrière en France ?

— Si, bien sûr, je la ferai. Mes copains disent toujours : « Elle a de grandes dents, Malika. » (*Elle rit.*)

— Vous avez envie de vous marier ?

— On verra bien. Pour l'instant, je bosse !

> **Patricia, 22 ans**
> **Vendeuse**
> **Paris**

F. G. Contente d'être française ?

— Je m'en fous un peu. Mais j'ai l'impression que ça va mieux ici qu'ailleurs, pour les femmes...

— Qu'est-ce qui va mieux ?

— La liberté, l'égalité.

— Vous travaillez ?

— Je suis vendeuse dans un magasin de luxe. La clientèle, j'vous dis pas... Des Amerloques et des rombières... Touchez du bois, pourvu que ça dure !

— Qu'est-ce que vous avez fait comme études ?

— Lettres. Bac + 2. Je parle bien l'anglais, ça m'a aidée.

— Vous vivez seule ?

— J'ai un copain, mais on ne vit pas ensemble. Je n'ai pas voulu.
— Pourquoi ?
— Peur qu'il s'incruste. Ils sont collants, les mecs.
— En somme, vous n'êtes pas amoureuse ?
— Je n'ai pas dit ça. Il fonctionne bien, si vous voyez ce que je veux dire. (*Elle rit.*) Ce qui me tue, c'est le foot. Il ne parle que de ça.
— Ils en parlent tous, non ?
— Plus ou moins. Avant, j'ai eu un musicien, c'était plutôt mieux. Mais il faisait du bruit avec sa guitare, les voisins se sont plaints. J'ai dû le larguer.
— Entre lui et les voisins, vous avez choisi les voisins...
— Dame ! Une piaule comme la mienne, au prix où je la paie, ça ne se retrouve pas, à Paris !
— Tandis qu'un mec avec guitare...
— Voilà.
— Vous prenez la pilule ?
— Bien sûr. Quelquefois, je l'oublie et, rétrospectivement, ça me terrorise.
— Vous savez ce que ça veut dire quand on oublie sa pilule ?
— Oui, mais ce n'est pas ça : j'ai vraiment une tête de linotte.
— Vous aurez des enfants, plus tard ?
— Plus tard, oui, vers trente ans. Je veux vivre d'abord. Et puis, il faudrait que je leur trouve un père idéal. Les hommes d'aujourd'hui sont des mômes qui se cherchent tous une mère ; ce n'est pas du tout ce qu'il me faudrait !
— Comment voyez-vous votre avenir ?

Vingt portraits à bâtons rompus

— J'aimerais passer un concours de fonctionnaire. Comme ça, je serais tranquille, côté boulot.
— Ce n'est pas très ambitieux comme perspective...
— Je ne suis pas ambitieuse. Sinon, j'aurais poursuivi mes études. Ce que j'aime, c'est m'éclater. Vivre, quoi !

Jeannette, 23 ans
Employée de bureau
Région Sud-Ouest

F. G. Ça va, le travail ?
— Ça va, oui. Je ne peux pas dire que ça ne va pas. Mais je voudrais me tirer, aller à Paris. Ici, je n'ai pas d'avenir... Il faut d'abord que j'apprenne l'anglais. Je me suis juré de m'y mettre. Il y a des trucs pour aller vite, non ?
— Plus ou moins, oui.
— Ce que je voudrais, c'est devenir journaliste. Vous croyez que je peux ? Je n'ai pas d'instruction, mais j'ai des couilles : il paraît qu'il en faut...
— Qu'est-ce qui vous attire dans le journalisme ?
— C'est de voir des gens, de voir du pays... Ici, j'étouffe, je suis enfermée dans un bureau avec deux idiotes... Je suis sûre que le monde, c'est beau, mais j'arrive pas à le saisir. J'ai envie de tout, et j'ai rien. Avec ma paie, je ne peux même pas m'acheter des fringues convenables...
— Il n'y a pas d'homme dans votre vie ?

— De temps en temps. Des hommes, il en faut, mais je ne compte pas sur eux pour me tirer de là. Ils ne sont pas fiables.

— Vous n'avez pas envie de vous marier ?

— Ah non, merci ! Le mariage... Mon père battait ma mère. Les joies de la vie conjugale, je les ai connues à domicile...

— Vous savez que vous êtes trop maquillée ? À quoi ça rime, tout ce fond de teint ?

— C'est pour cacher ma peau, qui n'est pas belle.

— La peau, ça ne se cache pas, ça se soigne.

— Vous êtes marrante, vous, il faut avoir de quoi ! Mais ça viendra, je suis sûre que ça viendra. En attendant, ce dont je rêve, c'est... Vous allez me trouver bête...

— Allez-y !

— C'est d'un portable. Je trouve ça grisant !

Adeline, 25 ans
Inactive
Région lyonnaise

F. G. Vous n'avez jamais travaillé ?

— Si, à vingt ans. J'ai fait du secrétariat. Mais je me suis mariée très jeune et j'ai eu deux enfants presque coup sur coup.

— Vous les désiriez ?

— Je ne peux pas dire. C'était un peu tôt, mais j'ai été très contente de les avoir.

— Que fait votre mari ?

— Il est ingénieur en informatique dans une grosse boîte.

— Et ça ne vous ennuie jamais d'avoir à lui demander de l'argent pour vous acheter un chemisier ?

— En voilà, une idée ! Je n'ai rien à demander ! C'est moi qui tiens les finances du ménage. Je lui donne son mois ! (*Elle rit.*)

— Vous aimez votre vie ?

— Oui, beaucoup. Elle est tranquille, la campagne est tout près, nous y allons souvent. J'ai besoin de voir de l'herbe... Les enfants sont très turbulents, ils ont besoin d'une surveillance constante, mais ça me plaît... Je tiens la maison et je vais vous dire une chose : j'adore astiquer, entretenir ma petite maison. Je peux vous en apprendre un bout sur le traitement des sols carrelés... Rien ne m'ennuie dans le ménage, sauf repasser...

— Vous repassez les chemises de votre mari ?

— Bien sûr. Dans sa situation, il ne peut pas se promener en chemise polo !

— Il est gentil, ce mari ?

— Très gentil. Il ne se fâche jamais, même quand je rate un plat, ce qui m'arrive quelquefois. La plaie de ma vie, c'est ma mère... Elle passe sa vie à m'expliquer que, quand mon mari me plaquera, je serai bien handicapée de n'avoir pas de métier. Il faut dire que mon père l'a laissé tomber à cinquante ans, et qu'elle en a bavé.

— Vous pensez que ça pourrait vous arriver ?

— Non. Nous sommes heureux, mon mari m'aime, il est sérieux et il est croyant. Nous nous sommes juré de ne jamais divorcer.

— Bilan positif, alors ?

— Absolument. La seule chose qui me manque, ce sont des amies avec qui parler...

> Cécile, 28 ans
> Directrice
>   de la communication
>   dans une entreprise
>   moyenne
> Région Rhône-Alpes

— Qu'est-ce que vous voulez savoir ?
F. G. Tout...
— J'ai vingt-huit ans, un mari que j'adore, un bon job qui m'intéresse, mais où je sens que je vais plafonner, et j'attends un enfant.
— Vous êtes contente ?
— Je suis contente et troublée. J'ai peur.
— Peur pour votre travail ?
— Non, de ce côté-là, je m'organiserai. C'est plutôt mon mari. Il est du genre immature... On a toujours vécu insouciants, sans vie régulière. On sort tous les soirs, on va faire du ski pendant le week-end, ou on dort jusqu'à midi ; on a des tas de copains qui sont tout le temps fourrés à la maison... Où je mets un bébé dans tout ça ? Et s'il pleure, la nuit ?
— En somme, vous le regrettez, cet enfant ?
— Non, pas du tout ! Je l'ai souhaité. Ça m'a pris tout d'un coup... Je me suis dit : ma vieille, vingt-huit ans, c'est limite. J'en ai eu vraiment envie.

— Vous l'avez dit à votre mari ?
— Non. J'ai seulement arrêté la pilule et cessé de fumer.
— Et qu'est-ce qu'il a dit quand vous lui avez annoncé la bonne nouvelle ?
— Il a été plutôt attendri. Mais furieux que ce soit une fille. Il dit que les filles pleurent, la nuit. C'est vrai ?
— Pas plus que les garçons... Ça s'arrangera quand il la verra.
— Peut-être. Mais j'ai peur... Si mon bébé pleure, je vais perdre mon mari. Il est immature, sa mère a toujours fait ses quatre volontés. Je crois que j'ai fait une bêtise. Mais j'en avais tellement envie, de ce bébé ! J'ai déjà acheté sa layette. Regardez ! C'est pas joli ? (*Elle s'attendrit et murmure* :) J'aurais peut-être dû choisir un autre père...

Marie, 27 ans
Architecte d'intérieur
Région parisienne

F. G. C'est quoi, au juste, votre métier ?
— Autrefois, on appelait ça décoratrice. Ça consiste à aménager des appartements. Pour moi, c'est surtout une façade sociale. En réalité, je travaille irrégulièrement.
— Faute de clients ?
— Pas vraiment. Faute d'envie. J'aime le luxe et je ne vois pas pourquoi je me crèverais la peau pour l'obtenir quand il y a des hommes pour me le fournir.

— Vous vous faites entretenir ?
— C'est plus subtil. Les hommes ont horreur de payer la note d'électricité, la réparation de la voiture et même le loyer. C'est ce qu'il ne faut jamais demander.
— Vous demandez quoi ?
— Une carte de crédit... On peut tout avoir avec ça, même des bijoux... Ça donne une sensation de pouvoir que je trouve grisante...
— Et où trouvez-vous les hommes prêts à se laisser faire ?
— Je fréquente les bons endroits et je les repère immédiatement. Le dernier, je l'ai rencontré en *Concorde*.
— Vous prenez le *Concorde* ? Fichtre !
— Il faut savoir faire des investissements ! Les hommes riches ne se trouvent pas dans le métro. Celui-là, il y a deux ans que ça dure... Je le vois peu, parce qu'il est basé à Lyon ; ça me convient parfaitement.
— Il tient à vous pourquoi ? Parce que vous êtes belle ?
— Ça ne suffit pas. C'est même secondaire, sauf pour se faire remarquer. Il faut savoir leur parler.
— Vous lui parlez de quoi ?
— De lui, dame ! Mais il faut adapter la chanson au bonhomme. Question de psychologie ! Je sais d'intuition comment il faut parler à un homme selon qu'il est macho, maso, parano, infantile... Il y a des variétés.
— Et vous voyez ça du premier coup d'œil ? Ça s'appelle être une bonne courtisane...
— Si vous voulez. Mais ils ne me voient pas comme ça. Je suis leur refuge contre la pauvreté de leur vie affec-

tive... Des courtisanes, on en a besoin, aujourd'hui que les femmes sont devenues si dures...

— Et vous comptez continuer longtemps cette carrière ?

— Jusqu'à ce que je tombe amoureuse... Ce sera peut-être d'un type qui me piquera tout, qui sait ? (*Elle rit.*) Surtout, n'écrivez pas mon nom, hein ?

> Gisèle, 32 ans
> Ingénieur
>   dans la pétrochimie
> Paris

F. G. Comment va votre vie ?

— Ma vie professionnelle va très bien. J'ai un bon job, je suis appréciée.

— Vous vous entendez bien avec les hommes de votre entourage ?

— Très bien. Heureusement : il y a surtout des hommes ! Mais ils me considèrent... De ce côté-là, ça va très bien.

— Et du côté de votre vie privée ?

— C'est moins bien. J'ai épousé l'homme que je voulais, parce que je l'admirais. Il était brillant, et puis, pour finir, c'est un raté...

— Vous ne l'aimez plus, c'est ça ?

— Je l'aime bien. Mais mes yeux se sont dessillés...

— Vous avez des aventures ?

— De temps en temps. Je suis jolie, je séduis facilement. Mais les aventures, c'est frustrant. Ce que je veux, c'est être aimée. Les hommes, vous savez ce que c'est : ils sont toujours prêts à coucher. On se prend, on se lasse, on se laisse... Moi, c'est l'amour que je cherche, le vrai, qui brise tous les obstacles.

— Le grand amour ?

— Voilà...

— Vous avez des exemples ?

— Tristan et Yseult ! (*Elle rit.*)

— Ça a mal fini !

— Je ne suis pas la seule, vous savez. Beaucoup de femmes que je connais souffrent de n'être pas aimées comme elles le voudraient.

— C'est peut-être parce qu'elles se font une idée trop romantique du couple. Ça ne dure pas dans la passion partagée. Ça se construit...

— Je ne demande pas que ça dure vingt ans ! Je veux connaître ça une fois dans ma vie : l'ivresse, le don effréné de soi et de l'autre, la force irrésistible qui vous soude à la vie, à la mort...

— Vous lisez beaucoup de romans ?

— J'en ai beaucoup lu. Ceux d'aujourd'hui ne m'intéressent pas.

— Et vous vous intéressez à la vie privée de Caroline de Monaco ou à celle de Diana ?

— Beaucoup. Je les déguste chez le coiffeur.

Vingt portraits à bâtons rompus

> Patricia, 24 ans
> Mariée
> Un jeune enfant
> Standardiste dans une grande entreprise
> Paris

F. G. Vous aimez votre métier ?

— Beaucoup. On est toujours sur la brèche. Pas le temps de se lamenter.

— Si vous en aviez le temps, vous vous plaindriez de quoi ?

— De mon salaire. On n'est vraiment pas gâtées. Et puis, je voudrais connaître la tête de ceux dont je n'entends que la voix... On a eu un patron, il venait nous voir quelquefois, il avait toujours deux mots pour remercier de nos services... Ça fait plaisir. Maintenant, on travaille en aveugle.

— C'est dur ?

— Il faut surtout des nerfs. Maintenant qu'ils ont des portables, les directeurs appellent moins, ils font leurs numéros eux-mêmes, les pauvres chéris, mais, globalement, le travail n'a pas diminué.

— Vous commencez votre journée à quelle heure ?

— Aujourd'hui ? À midi. On fait des services de six heures, par roulement.

— Comment devient-on standardiste ?

— Le hasard. Je n'ai fait aucune étude. J'avais une bonne voix. À un moment donné, quand le travail n'était pas encore rare, on m'a proposé cet emploi. J'ai dit que j'avais l'habitude. C'était faux, mais je me suis débrouillée. Les autres filles ont été gentilles, elles m'ont initiée. Ce n'est pas sorcier, vous savez... Ça exige seulement du sang-froid. Ne pas s'énerver. Pourtant, quelquefois...

— D'où vient ce regard brillant, cet air heureux ?

— Mais je suis heureuse ! J'ai un mari que j'aime et qui a un bon boulot, un bébé adorable, une mère qui le garde quand je suis absente. Il ne me manque qu'un peu d'argent pour m'acheter des fringues. Un jour que je réclamais une augmentation, je l'ai dit au directeur du personnel. Il m'a répondu : « Des fringues pour quoi faire ? On ne vous voit jamais ! » Ça m'a sciée !

— Vous êtes syndiquée ?

— Non. Dans la boîte, il n'y a qu'un syndicat et je ne l'aime pas.

— Vous seriez mieux défendue...

— Croyez-vous ! J'ai vu ça de près. Quand il s'agit des femmes, les syndicats ne l'ouvrent pas...

Micheline, 27 ans
2 enfants
Ouvrière
  en confection
Région parisienne

— Excusez-moi, tout est en désordre... Je ne vous attendais pas. (*Elle débarrasse la table des reliefs d'un repas en disant :*) La vaisselle, ça m'emmerde...

(*Il y a toute une pile d'assiettes sales dans la cuisine.*)

F. G. Je vous aide, si vous voulez. À deux, ça va plus vite !

— Non, ça n'est déjà pas agréable de faire sa vaisselle, alors celle des autres... J'en ai marre, vous ne pouvez pas savoir ce que j'en ai marre !

— De quoi, au juste ?

— De ne pas travailler.

— C'est quoi, votre métier ?

— La confection. Je travaille sur machine à coudre. Mais c'est un métier irrégulier. Ça dépend des commandes. Parfois, il y a du boulot pendant trois semaines, et puis ça s'arrête, et puis ça reprend... Mais si je travaille comme ça, je perds mes allocations... Et je ne gagne pas plus... Alors voilà : toute la journée, je traîne avec le goût à rien...

— Vous avez cherché un emploi à temps plein ?

— Si je l'ai cherché ! Mais il n'y a rien, rien.

— Vos enfants sont à l'école ?

— Oui, ils déjeunent à la cantine.

— Ils ne vous occupent pas un peu ?

— Si, mais je ne suis pas une bonne mère... Ils m'impatientent, je m'énerve quand ils font du bruit. C'est drôle : quand je travaillais régulièrement et que je rentrais à six heures, crevée, j'étais plus patiente avec eux. Vous comprenez ça, vous ? Pourtant, ce n'est pas grisant, une machine à coudre, mais il y avait l'atmosphère, les copines, on parlait, je décompressais... Mon mari dit que j'ai les nerfs malades. Mais je n'ai rien de malade ! Je veux tra-vail-ler ! C'est une maladie, ça ? Moi, je dis que c'est la France qui est malade...

— Vous avez vu un médecin, tout de même ?

— Oui. Il m'a prescrit des petites pilules, mais je les ai jetées. Ça donne le cancer.
— Qu'est-ce que vous racontez là ? !
— Ah, vous allez me faire la morale, vous aussi ! J'en ai marre, des conseils, j'en ai marre de tout ! Allez-vous-en, je ne vous ai pas invitée...
— C'est vrai. Pardon de vous avoir dérangée !

Marie-Jeanne, 33 ans
Mariée
2 enfants
Caissière
Région Rhône

— Autrefois j'étais jolie, mais je suis défraîchie. J'ai eu trop de fatigue, trop de soucis. J'ai fait la bêtise de vouloir maigrir : une idée comme ça... Mon mari est chômeur. Il est courageux, travailleur, et gentil avec moi. J'en connais qui battent leur femme depuis qu'ils sont sans emploi. Remarquez : battre sa femme, il paraît que ça se fait partout... enfin, pas chez moi ! J'ai deux enfants qui ne me font pas de misères ; je touche du bois, parce que les enfants, maintenant...

Avant, j'étais standardiste dans une grosse boîte qui a fermé. J'ai glandé pendant un an. Maintenant, je suis caissière dans un supermarché ; à temps partiel. Il n'y a que des « temps partiels », on est tous à temps partiel. Soi-disant, c'est provisoire, mais, depuis deux ans que je suis là, j'ai jamais vu personne engagé à temps plein. Je travaille 22 heures par semaine pour 3 200 francs par mois. Les horaires changent tout le temps et il faut s'y plier. La pression est très forte pour qu'on accepte de venir les jours fériés. C'est un métier, d'être caissière, il ne faut pas croire. Il faut être rapide et avoir l'œil. Les clients nous méprisent : des vaches qui ne songent qu'à tricher...

Standardiste, c'était tuant, mais c'est autre chose... Là, je suis déqualifiée. Quelquefois, j'ai honte de dire que je suis caissière...

```
Agnès, 35 ans
Célibataire
Directrice adjointe
    dans une grande
    entreprise
Paris
```

Agnès est jolie, élégante, charmante, mais se juge « dans une bonne moyenne ». C'est souvent ce que les femmes autour de la trentaine disent d'elles-mêmes. Elle a une grande confiance dans ses capacités, mais pas dans son pouvoir de séduction. En ce moment, elle est seule. Qu'attend-elle d'un compagnon de vie ? Le plaisir d'être deux.

S'est-elle jamais sentie opprimée par les hommes ?

— Jamais. C'est une question absurde. Les femmes ne sont plus opprimées. En revanche, beaucoup d'hommes le sont. À part quelques situations limites sur le plan matériel, les femmes opprimées sont celles qui le veulent bien.

F. G. Et au long de votre carrière ?

— Jamais.

Elle compte beaucoup de femmes parmi son personnel. Aiment-elles leur travail ?

— Oui, et elles sont animées par un grand désir de promotion. Mais nous sommes organisés : elles travaillent à l'heure du déjeuner — ce que les hommes ne font jamais — pour pouvoir partir plus tôt le soir.

— Et vous ?

— J'ai des journées très longues.

Agnès n'envie aucune autre femme, mais en admire certaines. Elle adore les histoires d'amour et en lit dans les journaux, chez le coiffeur, ou dans les bons romans. En ce moment, elle relit Anna Karénine.

Comme toutes les femmes d'un certain niveau d'instruction, elle est un véhicule de la culture. Ce sont les femmes qui, en grande majorité, achètent les livres et lisent. Ses journaux ? La Tribune, *journal économique, pour des raisons professionnelles,* Le Monde, Marie-Claire, *et* Le Nouvel Observateur. *Dirait-elle qu'elle est heureuse ?*

— Dans mon travail, pleinement. Dans ma vie privée, je l'ai été, je le serai de nouveau...

Le sida a-t-il modifié son comportement ?

— J'ai appris à être vigilante. Les femmes sont plus sérieuses que les hommes dans ce domaine.

— Que veulent les femmes, selon vous, aujourd'hui ?

— Elles veulent être écoutées.

Vingt portraits à bâtons rompus

> Martine, 35 ans
> Mariée
> 2 enfants
> Directrice
> des ressources
> humaines dans une
> entreprise de
> 400 employés
> Région Sud-Ouest

— Moi, je suis sentimentale et je ne le cache pas... Quand j'entends Piaf chanter l'*Hymne à l'amour*, je craque. « *Peu m'importent les problèmes/mon amour, puisque tu m'aimes...* », vous connaissez ?

F. G. Évidemment !

— Toutes les femmes sont comme moi, vous savez ? Et je trouve ça très bien ! Le sentiment, c'est avec ça que l'on peut balancer l'horreur du monde.

— Toutes les femmes ? Les petites jeunes aussi ?

— Encore plus ! J'en ai une flopée, chez moi, je les connais. Elles couchent, mais elles rêvent...

— Vous êtes sentimentale dans votre travail ?

— Ah non, pas du tout... Ça n'a aucun rapport. Je suis ouverte, c'est autre chose. Quand une fille a un problème personnel, je l'écoute, j'essaie de l'aider à le maîtriser. La vie est dure pour les femmes, vous savez...

— Et pour les hommes ?

— Aussi, mais pas autant. J'en aide aussi, d'ailleurs. De grands bébés tristes, comme ils sont devenus...

— Votre vie à vous est dure ?

— Plus maintenant. Je fais un boulot superintéressant. Je suis bien payée. J'ai quelqu'un d'épatant pour veiller dans la journée sur les enfants. Mon mari me soutient. Mais j'ai connu des jours plus difficiles. C'est pour ça que je me bats, dans mon entreprise, pour que les horaires des femmes soient aménagés quand elles en ont besoin.

— Vous êtes favorable au mi-temps ?

— Pas du tout. Ça fabrique une sous-main-d'œuvre sous-payée, sans avenir et sans espoir. Des esclaves... Je suis favorable à une organisation judicieuse du travail. On y arrivera, vous verrez...

— Quand vous dites que votre mari vous soutient, qu'est-ce que ça signifie ?

— Ça veut dire qu'il est fier de moi, de nous. Ça veut dire qu'il a de l'autorité sur les enfants. Ça veut dire qu'il n'attend pas de moi que je le serve. On fait tout ensemble... Le soir, il me raconte ses histoires, je lui raconte les miennes ; on s'intéresse mutuellement. Il m'aime, c'est ça qui compte. Quand il n'y a plus d'amour dans un couple, il faut se séparer, pas s'engueuler...

— Vous vous sépareriez, le cas échéant ?

— Je ne peux même pas imaginer que ça arrive. Mais je ne supporterais jamais de vivre dans les querelles et les reproches : « Ma chemise est mal repassée... Tu as encore sali le canapé avec tes chaussures », etc. La vie professionnelle est dure. Il faut de l'harmonie chez soi, pour lui et pour moi. Je connais des couples... c'est l'enfer ! On se demande ce qu'ils font ensemble...

— En somme, vous avez réussi à ménager un bon équilibre entre travail et vie privée.

— Exactement. Mais, vous allez dire que je radote, cela suppose de l'amour, beaucoup d'amour...

Vingt portraits à bâtons rompus

> Viviane, 35 ans
> Mariée
> Inactive
> Belle, dans le style mannequin
> Région parisienne

— Je ne comprends pas les femmes d'aujourd'hui qui se tuent au travail au lieu de laisser cette corvée aux hommes... Remarquez : ma mère a été comme ça, je crois que c'est ce qui m'a dégoûtée du travail. Je la voyais au petit déjeuner, et le dimanche, mais, ce jour-là, elle était crevée. Elle a sauvé l'entreprise familiale qui périclitait, mais moi, elle m'a sabotée !

F. G. Vous n'avez pas l'air très à plaindre...

— Parce que je ne l'ai pas imitée ! J'ai failli. J'ai failli monter une maison de couture, mais j'ai eu la chance de rencontrer l'homme qu'il me fallait.

— Comment est-il ?

— Il est riche, entreprenant, très actif ; il m'a fait jurer de ne jamais travailler, et il me fait une vie de rêve.

— C'est-à-dire ?

— Je me lève à dix heures, c'est bon pour le teint, je donne des instructions à la servante pour la journée, je me fais masser. Vers midi, je vais faire un tour en ville à pied, pour marcher un peu, là où il y a des arbres... Quand mon mari rentre pour le déjeuner, je suis toujours de bonne humeur, parce que je suis détendue... Lui téléphone, il téléphone énormément : le portable est un élément de notre vie. L'après-midi, je m'enferme pour écrire. J'ai commencé un roman, je suis sûre que j'ai autant à dire que les autres, mais c'est difficile... Ensuite, ça dépend. Un jour, je vais à la gym, un jour à mon club de bridge, ou je vais faire des courses ; on a toujours quelque chose à acheter, pour la maison ou pour moi... J'achète beaucoup, surtout pour m'habiller. Mon mari est très exigeant sur ce point. Il veut que je sois partout la plus élégante. En fin de journée, si nous avons prévu de sortir, je m'habille en conséquence. Nous sortons beaucoup. Sinon, je traîne un peu devant la télévision en attendant que mon mari rentre. Il arrive qu'il soit fatigué et qu'il annule une sortie, mais c'est plutôt rare.

— Les rapports d'argent, ça se passe comment ?

— Il faut que je demande. Mais il refuse rarement.

— Et ça vous satisfait, cette vie-là ?

— Tout à fait. Je suis gâtée, aimée.

— Et si vous cessiez d'être aimée ?

— Oh, je veille au grain ! D'abord, il ne voyage jamais sans moi. Ensuite, je choisis ses secrétaires : laides. Pour le reste, il n'y a que des hommes dans son entreprise. Quant aux rencontres fortuites, je ne le laisse jamais seul avec une femme séduisante.

— Ça, je reconnais que c'est un travail !

— Il faut mériter son bonheur.

— Je ne voudrais pas y mettre une ombre, mais on peut aussi tomber amoureux d'une femme laide : cela s'est vu...

— Ce n'est pas son genre. Il est beaucoup trop vaniteux.

— Et où l'avez-vous rencontré, votre homme riche ?

— Je ne l'ai pas cherché. Il y en a beaucoup dans mon milieu. Mais la plupart vont à la chasse. J'ai horreur de la chasse. Je n'aurais pas pu. Nous, nous jouons au golf le samedi...

— Parmi vos relations, il y a beaucoup de femmes dans votre situation ?

— Non. Elles sont toutes enragées à vouloir « se réaliser », comme elles disent ; à se vouloir financièrement indépendantes... Moi, ça me scie ! Il faut dire que les maris sont rats... Elles en feront une tête, si mon roman est publié !

> Albertine, 38 ans
> Inactive
> Région de Toulouse

— Vous avez devant vous une femme heureuse, je vous le dis tout de suite !

F. G. Félicitations ! Il y en a quelques-unes, heureusement...

— Mais je ne suis pas dans la norme : j'ai cinq enfants et je ne travaille pas.

— Il n'y a pas de normes pour être heureuse.

— Je me suis mariée très jeune avec un homme sensiblement plus âgé que moi, qui sortait d'un mariage malheureux. J'ai été pour lui une source vive. Il m'appelle sa « petite source »...

— Qu'est-ce qu'il fait ?

— Il est chirurgien... Il travaille beaucoup, il se lève très tôt, mais nous sortons, nous recevons, nous sommes très entourés...

— Vous avez une aide ménagère ?

— Oui, le matin. Mais, avec cinq enfants de cinq à seize ans, je vous assure que j'ai de quoi m'occuper ! Chacun a son caractère, ses études, ses activités, ses points faibles. L'un, ce sont des otites, l'autre, c'est une scoliose... Enfin, vous savez ce que c'est... L'un fait du cheval, l'autre du tennis, la troisième de la danse ; il faut les conduire, aller les chercher, veiller à ce que les devoirs soient faits, les leçons apprises... C'est un métier, d'être mère de famille nombreuse. Vous devriez le dire un peu plus. Quand je pense qu'on nous range dans la catégorie des « inactives » !

— C'est un terme idiot, en effet. Mais il en faut bien un... Vous avez fait des études ?

— Bac + 3... Je voulais être notaire, comme mon père. Et puis j'ai rencontré mon mari qui m'a fait jurer de ne jamais travailler. Il a été trop malheureux avec sa première femme qui était une « battante ». (Ce qui ne l'empêche pas de se faire payer une pension alimentaire gigantesque !) Il m'a fait cinq enfants et ça a réglé la question.

— Bien réglé, je vois.

— Très bien. Je dois reconnaître que c'est un mari exceptionnel. Fidèle, généreux, avec de l'autorité sur les enfants... Quand je vois ce qui se passe dans le foyer de mes amies : cette démission des hommes... Je suis privilégiée... Mon seul souci, c'est qu'il aura bientôt soixante-cinq ans. Un homme comme lui à la retraite... Enfin, il lui restera le golf et le jardin. Et puis nous voyagerons.

— Il a de la fortune ?

— Il ne me tient pas au courant de ses affaires d'argent. Mais je suis sûre qu'il ne laissera pas ses enfants dans le besoin. D'ailleurs, s'il le faut, je travaillerai. Je ne suis pas idiote, vous savez. Bien que je sois « inactive », comme vous dites...

> Angélique, 39 ans
> Commerçante
> Région de Bordeaux

— Pour moi, vous savez, il n'y a rien de changé depuis vingt ans... Je travaille toujours comme une bête, j'ai toujours mon mari sur le dos, qui est plutôt du genre « feignant », je dois toujours sourire aux clients et je suis debout toute la journée... Quelquefois, j'ai les jambes qui me rentrent dans le corps !

F. G. Vous ne prenez jamais de vacances ?

— Si. Ça, c'est vrai, c'est changé. Du temps de mes parents, on ne fermait jamais. Maintenant, on prend un grand mois et on voyage. On a fait la Grèce, on a fait l'Espagne. On voulait faire l'Égypte, cette année, mais il y a eu les attentats...

— Vous avez des enfants ?

— Oui, deux : une fille et un garçon. Je ne voulais pas en avoir plus. Ça aussi, je dois dire, ça a changé. On a les enfants qu'on veut.

— Que font-ils ? Des études ?

— Ça, c'est un souci. Mon garçon est feignant, comme son père. Il ne s'intéresse qu'à la moto. Normalement, il devrait venir travailler avec nous et reprendre le commerce plus tard. Le magasin à côté est à vendre, on a le projet de s'agrandir. Mais il faudrait tout de même qu'il ait son bac...

— Et votre fille ?

— Oh, elle, c'est une ambitieuse. Elle veut s'élever. Mademoiselle méprise un peu ses parents. Et pas question qu'elle serve un client quand on est un peu bousculés... Elle veut faire H et C...

— HEC ? C'est une école difficile !

— Il paraît. Mais elle est capable. Toujours première en tout. Justement, moi j'aurais préféré la garder avec nous et que ce soit le garçon... Mais bon, aujourd'hui, c'est comme ça, je vois bien autour de moi : ce sont les filles qui en veulent !

— Ça aussi, ça a changé !

— Ah oui, vous pouvez le dire ! J'aurais bien voulu, moi, faire des études, mais il n'en a même pas été question, vu que j'étais une fille... On m'a mise tout de suite derrière un comptoir.

— Vos parents étaient commerçants ?

— Oui. Quincailliers de père en fils. Remarquez, je ne me plains pas... On a toujours bien vécu, sans se priver. Si c'était pas toute cette paperasse qu'il faut faire pour l'administration... On décourage les gens, je vous assure !

— C'est vous qui vous occupez de la paperasse ?

— Bien sûr. Mon mari est trop négligent. Il nous ferait avoir des amendes.

— Feignant, négligent... Vous êtes mal tombée !

— Il était beau garçon, il savait parler...

Vingt portraits à bâtons rompus

— Vous lui faites des cornes, à ce mari ?
— Avant, je ne dis pas...
— Avant quoi ?
— Avant que ça me passe... J'ai pris dix kilos cette année. Ça ne dispose pas aux galipettes. J'ai des bourrelets partout. Non, pour moi, c'est fini. Mon mari fait l'affaire.
— Et lui, il est fidèle ?
— J'espère bien ! Sans ça, il m'entendrait...

> **Lucile, 40 ans**
> **Divorcée et remariée**
> **2 garçons de pères différents**
> **Secrétaire de direction**
> **Lyon**

F. G. Ça marche, votre vie ?
— Ma vie, oui. J'ai un bon emploi, un bon patron, un bon mari, un bon appartement, une voiture neuve...
— Alors, qu'est-ce qui vous fait cette mine à l'envers ?
— C'est mon garçon, l'aîné. L'autre est adorable.
— Quel âge a-t-il, l'aîné ?
— Quatorze ans.
— Qu'est-ce qu'il fait ?
— Il vole, il fugue, il fume... Il prend de l'argent dans mon sac pour s'acheter des... je ne sais même pas comment ça s'appelle : ces chaussures bizarres qu'ils

portent tous... Il est devenu incontrôlable. Je n'ai plus aucune autorité sur lui.

— Et votre mari ?

— C'est le meilleur des hommes. Il a tout essayé : l'autorité, la punition, l'indulgence, la complicité sur mon dos. Pourtant, ça allait bien entre eux autrefois. Nous étions une famille modèle ! Mais ça s'est dégradé quand le petit est entré en quatrième... Je crois qu'il a de mauvaises fréquentations... Des gamins pas possibles !

— Et son père ?

— Il ne le voit jamais.

— Pourquoi ?

— Il n'y tient pas.

— C'est vous ou c'est lui qui n'y tient pas ?

— Les deux. Je trouve que c'est un mauvais exemple pour le petit. Il est dépensier, coureur, paresseux. En deux ans de mariage, on n'a pas cessé de se disputer. Je l'entretenais pratiquement, il flambait tout. J'en ai eu assez.

— Et il ne s'inquiète jamais de son fils ?

— Non. Au moment du divorce, on avait passé un accord : un week-end par mois. Mais il s'est collé avec une autre femme qui n'a plus voulu du gamin... Moi, j'ai été trop contente. Chaque fois qu'il le prenait, je pleurais... Maintenant, il a d'autres enfants ; alors, celui-là, il s'en fout.

— Et le garçon ? Il s'en fout aussi ?

— Je ne sais pas. L'autre jour, il m'a dit fièrement : « Moi, je suis de la mauvaise graine ! » C'est un prof qui lui a dit ça. Vous ne pouvez pas savoir ce que je suis malheureuse. Qu'est-ce qu'il va devenir, mon petit ?

> Nadine, 43 ans
> 2 grands enfants
> Inactive
> Région Sud-Est

— Vous me trouvez assommée. Mon mari vient de m'annoncer qu'il voulait divorcer...

F. G. Et rien ne vous le laissait prévoir ?

— Rien. Nous sommes mariés depuis vingt-trois ans, il n'y a jamais eu de conflit grave entre nous. Nous nous voyons peu, en fait, parce qu'il travaille beaucoup, que nous recevons beaucoup et que nous sortons beaucoup. Autrement dit, nous ne sommes jamais seuls, et les occasions de nous heurter sont rares... Il y en a eu autrefois au sujet de l'éducation des enfants, mais, maintenant, ils sont grands et nous ont échappé...

— Il a une liaison sérieuse, peut-être ?

— Oui, c'est ce que j'ai découvert. Mais je ne l'avais jamais soupçonné.

— Vous n'avez pas des antennes très sensibles...

— Ça ne me paraissait pas son genre. Il est austère, sérieux, croyant, très critique à l'égard des mœurs modernes. Vous savez ce qu'il m'a dit ? « J'ai quarante-huit ans, si je ne divorce pas maintenant, je ne le ferai jamais, et je veux vivre une nouvelle vie. J'espère que tu en feras autant ! » J'étais soufflée...

— Vous aussi, vous allez peut-être vivre une nouvelle vie...

— Je me demande bien laquelle ! Il ne me laissera pas sans rien, j'espère... Mon avocat s'en occupera... Mais enfin, il faudra que je change de train de vie... Il faudra que je travaille, alors que je ne sais rien faire... Je sais seulement m'occuper d'une maison, élever des enfants et faire une vie douce à un homme. Ça a été mon métier pendant vingt ans. À part ça, j'ai une licence d'histoire, j'ai fait de vagues recherches sur le Moyen Âge... Ce n'est pas un bagage... J'ai frappé à quelques portes pour voir si je pouvais me caser. On m'a répondu poliment qu'à quarante-trois ans, et ne connaissant rien à l'informatique, je n'étais pas utilisable... Ses amis à lui me font tous part de leur commisération, mais ils commencent déjà à m'éviter. On ne m'invite plus. On n'invite pas une femme seule qui ne représente rien.

— Et vos enfants ?

— Ils sont désolés, très gentils, mais ils ont leur vie. Vous trouvez que j'ai l'air vieille ?

— Pas du tout. Quarante-trois ans, c'est jeune...

— C'est jeune partout, sauf sur le marché du travail, si j'ai bien compris. À cet âge-là, quand on cherche, on vous jette.

— Il n'y a jamais eu d'autre homme dans votre vie ?

— Jamais. Fidèle, avec ça ! Gourde, quoi... J'avais des principes. Les mêmes que les siens, d'ailleurs ! Je croyais au mariage intangible, à la vocation des femmes. Quand j'ai vu ma fille passer de « copain » en « copain », comme elle dit, j'ai été horrifiée... Vous savez ce qu'elle m'a dit : « Tu ne peux pas rester seule, maman, tu n'as pas l'habitude. Trouve-toi un gigolo, tu es encore très bien ! »

— Un gigolo, non, mais un autre homme, pourquoi pas ? Vous avez le droit de vivre une nouvelle vie, vous aussi.

— Non, pour moi, la vie est finie !

> Micheline, 48 ans
> Médecin
>   dermatologue
> Région parisienne

— Des femmes, j'en vois de tous genres : celles qui se sont fait cuire par les ultraviolets, celles qui ont des boutons sur la figure, celles qui m'amènent leurs adolescents avec de l'acné. Et puis des cas plus graves, naturellement, femmes ou hommes... Le trait commun aux femmes : l'effroi quand leur peau commence à vieillir. Elles se ruinent en crèmes de perlimpinpin, et ensuite elles vont s'exposer au soleil ! On dit qu'avec les progrès des cosmétiques, on a vaincu les années. C'est faux ! Quand on n'allait pas au soleil, quand on ne fumait pas, quand on portait une voilette, quand on se nettoyait à l'eau de rose, la peau était beaucoup plus longue à s'altérer.

F. G. Vous le dites à vos clientes ?

— Oui, mais c'est comme si je sifflais dans un violon. Les plus jeunes n'imaginent même pas qu'on puisse vieillir. Quand les premiers signes sont là, elles s'inquiètent. Mais elles sont abruties par la publicité : et la crème pour les yeux, et la crème antirides, et la crème hydratante — aucune crème n'a jamais hydraté —, elles achètent tout ! J'ai vu des femmes privées de tout acheter à prix d'or une crème pour amincir les cuisses ! Elles font ça comme elles lisent leur horoscope, pour savoir ce que la semaine leur réserve selon qu'elles sont Vierge ou Verseau. Elles sont complètement irrationnelles !

— Un nettoyage de la peau, c'est irrationnel ?

— Non, c'est même agréable. Ça nettoie et on en éprouve une sensation de fraîcheur. Mais ça ne tonifie en rien une chair qui s'affaisse.

— Vous n'avez pas une très haute opinion des femmes...

— Ne croyez pas cela. J'ai parmi mes amies des femmes remarquables, avisées, organisées, avec de grandes responsabilités qu'elles savent assumer. J'admire au contraire celles qui mènent de front vie professionnelle et vie privée... Mais quand il s'agit de leur peau, de leur physique en général, les femmes déraillent. Regardez ce qu'elles sont capables d'avaler pour maigrir ! Rien de pire pour le visage, cependant...

— Comment expliquez-vous cela ?

— Je ne suis pas analyste, mais je suppose que ça a un rapport avec la peur de la mort. Ne croyez pas que les hommes soient exempts de cette angoisse de vieillir. Mais ce n'est pas sur leur visage qu'elle se porte. Encore que la chute des cheveux... Nous vivons dans une société qui a évacué la mort de son horizon, où l'on met les gens à la retraite à cinquante-cinq ans, où l'expérience n'a plus de valeur, où l'on rit des « vieux » lorsqu'ils ne savent pas régler un magnétoscope et sont dépassés par Internet... Comment voulez-vous qu'on ne soit pas affolé de se voir vieillir ?

— Vous conseillez le lifting à vos patientes ?

— Le lifting exige des mains de fée. En même temps que la demande augmente, les charlatans se multiplient, qui font des dégâts souvent irréparables. Je ne déconseille pas le lifting, je mets les femmes en garde contre les charcutiers. Et je leur déconseille le soleil qui les fera ressembler prématurément à de vieilles pommes !

— Vous êtes dure !

— Non, je suis réaliste. Et je lutterai toujours contre le « jeunisme », qui est une idéologie totalitaire...

> Geneviève, 50 ans
> **Direction**
>   du personnel
>   dans une grande
>   entreprise
> **Région parisienne**

— Pas d'homme, les enfants élevés et bien élevés, un travail qui m'intéresse : je n'ai jamais été plus heureuse. J'ai découvert la liberté.

F. G. Pas d'homme, ça veut dire quoi ?

— Mon mari est parti avec une jeunesse. Mais il y a longtemps que ça n'allait plus entre nous. On a fait durer a cause des enfants.

— Et vous ne l'avez jamais remplacé ?

— J'ai beaucoup d'amis. Beaucoup, parce que je suis gaie, stimulante, comme ils disent, serviable... Mais je ne veux plus d'homme à la maison... À l'extérieur, je ne crache pas dessus.

— Vous aimez séduire ?

— Pourquoi pas ? Cinquante ans, ce n'est plus la jeunesse, mais je plais encore. Même, je vais vous dire : je plais parfois à des hommes plus jeunes que moi... Je les materne, ils sont tellement immatures. Ils savent que je ne suis pas dangereuse, je ne leur ferai pas un enfant dans le dos, j'ai un bon salaire, je ne veux pas me remarier... Et puis, je vous l'ai dit, je suis gaie ! Tout m'intéresse... Avec mon mari, j'ai passé ma vie à me priver de ce que j'aime et à faire ce que je n'aimais pas. La chasse, par exemple, quel cauchemar ! Le foot à la télévision... La cuisine provençale à l'ail... Les marches dans la forêt... L'été à la montagne...

— C'était un tyran !

— Pas du tout ! C'était un mari banal pour un homme de sa génération. Il a aujourd'hui soixante-cinq ans. Il avait ses goûts, ça ne pouvait être que les miens...

— Et quels sont les vôtres ?

— J'aime la mer, la musique — je vais beaucoup aux concerts —, je vais voir des expositions, j'aime lire au lit le dimanche, je me suis mise au golf... et je mange léger ! Je n'ai pas pris un gramme depuis dix ans.

— Et vous faites tout cela seule ?

— Ça dépend. Je vous ai dit que j'avais beaucoup d'amis.

— Vous avez toujours travaillé ?

Vingt portraits à bâtons rompus

— J'ai arrêté pendant trois ans quand j'ai eu mes enfants. Tout le monde devrait pouvoir faire ça.

— Que pensez-vous des jeunes femmes d'aujourd'hui ?

— Elles ont de la chance... et elles ne le savent pas. Il y a de tout : des feignasses et des bûcheuses... Celles-ci, elles vont tout dominer !

> **Monique, 50 ans**
> **Divorcée**
> **Fonctionnaire**
> **Région parisienne**

— Qu'est-ce que vous voulez que je vous dise ? J'ai raté ma vie. J'aurais dû naître vingt ans plus tard. J'ai avorté à vingt ans. On a dû me charcuter ; je suis restée stérile. L'homme que j'aimais a rompu, il voulait un enfant... S'il y avait eu la pilule...

F. G. À vingt ans, on refait sa vie, non ?

— J'ai été marquée... On ne peut pas savoir ce que c'est, la stérilité, quand on ne l'a pas connue. C'est comme d'être infirme... Je suis devenue fonctionnaire... J'ai épousé un divorcé avec deux enfants. J'étais prête à les aimer, mais ils ne voulaient pas de moi, ils pleuraient après leur mère... Le père aussi, d'ailleurs. Ils m'en ont fait voir de toutes les couleurs. Cela m'a guérie des enfants : il n'y a rien de plus cruel...

— Vous les avez tout de même élevés.

— Pas jusqu'au bout. Plus ils grandissaient, plus ils étaient odieux. Je les ai plantés là. J'ai divorcé. Mon métier, ça allait pas mal : j'étais dans l'administration culturelle ; mais ce n'est pas grisant, l'administration. Il y a les petits chefs, il y a les sous-chefs, il y a le favoritisme. De mon temps, je n'ai jamais vu qu'il se soit exercé en faveur d'une femme... On était méprisées.

— Ça a changé ?

— Oui, beaucoup, à ce qu'on me dit. Ils sont forcés. C'est l'époque qui veut ça. Moi, j'étais prête à m'y donner corps et âme, mais tout ce qu'on me demandait, c'était de ne pas faire de vagues... J'ai fini par faire une dépression. Mes parents me disaient : « De quoi tu te plains ? T'es payée à rien foutre et tu es sûre de garder ton emploi ! » Eux, ils avaient beaucoup ramé. Pour eux, c'était extraordinaire, d'être fonctionnaire.

— Il n'y avait pas d'homme dans votre vie ?

— Il y en a eu. Mais ça n'a jamais duré. Peut-être parce que je m'accrochais... Je me laissais marcher sur la figure... J'avais tellement peur qu'ils me quittent, je les saoulais... Quand je vois les femmes d'aujourd'hui, comment elles savent garder leur indépendance... Si on me l'avait enseigné, moi aussi j'aurais su !

— Vous êtes encore jolie femme, rien n'est perdu.

— Oh, il y a sûrement dans un coin un veuf retraité qui ne mépriserait pas un joli appartement, une petite voiture, un revenu régulier, sans compter qu'en plus je fais très bien la cuisine ! Mais allez le trouver !

Vingt portraits à bâtons rompus

> Annette, 59 ans
> Cadre infirmière
> Région Sud-Ouest

F. G. Vous aimez votre métier ?

— J'ai toujours voulu le faire. Je suis née dans une famille ouvrière. À l'époque, on marchait sur les traces de ses parents, quelle qu'ait été sa réussite scolaire. À treize ans et demi, munie de mon certificat d'études, j'ai tout naturellement pris place derrière un métier à tisser. C'était le temps où les étudiants étaient encore rares, mais où le travail abondait.

— Vos souvenirs de cette époque ?

— Nous faisions ce qui s'appelait des équipes : 5 heures/13 heures, 13 heures/21 heures, en alternance. Lorsque le travail pressait, nous pouvions faire 5 heures/21 heures en alternance... Embaucher dans la nuit, débaucher à la nuit... On pouvait aussi faire des heures supplémentaires. Mais le terrible, ce n'est pas ça. C'est de se dire que sa vie entière va s'écouler dans le triste quotidien d'une usine. Heureusement, j'avais un rêve...

— Lequel ?

— Devenir infirmière. J'ai décidé que j'y arriverais. Le premier obstacle, c'était de se constituer un pécule pour pouvoir faire l'école de « mise à niveau » permettant d'affronter le concours d'entrée à l'école d'infirmières. Nous étions quarante élèves, toutes du niveau bac — sauf une, une fille d'émigrés italiens que les autres méprisaient... Je me suis surpassée et, à la proclamation des résultats, elle et moi étions premières *ex æquo*. Quelle revanche ! Ce qui m'a aidée, c'est que j'avais beaucoup lu. Un voisin à qui je rendais de menus services m'avait ouvert sa bibliothèque.

— Quel a été votre premier emploi ?

— J'ai soigné pendant deux ans dans des quartiers très pauvres, à cette époque où la misère ne faisait pas la « une » des journaux et de la télévision. Puis, j'ai choisi d'aller exercer dans un centre de lutte contre le cancer. J'ai eu une vie professionnelle intense et chaleureuse : apprivoiser l'autre pour qu'ensuite il apprivoise sa maladie, même si ces rencontres générant de l'amour deviennent souffrance... Aider le malade à s'en aller dignement... Les plus belles histoires sont inscrites dans le secret des cœurs...

— Comment jugez-vous les jeunes soignantes ?

— Très favorablement.

— Elles ont la même capacité de dévouement ?

— Mais ce n'est pas du dévouement. C'est une capacité d'amour !

— Vous n'avez jamais eu envie de vous marier ?

— Je n'ai pas eu le temps ! (*Elle rit.*) Mais si j'étais plus jeune, je m'en irais avec une équipe d'humanitaires...

Marie-Louise, 60 ans
Veuve
Région Est

F. G. Qu'est-ce que vous pensez des femmes d'aujourd'hui ? Vous les enviez ?

— Les envier ? Ça me ferait mal ! Elles sont folles. Elles cassent tout : la famille, les enfants, les hommes... Ils deviennent tous homosexuels.
— Tous ? Vous exagérez un peu, non ?
— On en voit partout ! Même à la télé !
— Vous avez des filles ?
— J'en ai une qui s'est mise en ménage avec un Noir. Je vous demande un peu ! Je ne la vois plus, heureusement. Si elle avait un enfant, je crois que j'en mourrais... J'ai aussi deux fils, très affectueux. Mais ça veut dire deux belles-filles ! Des mijaurées qui leur font faire la vaisselle ! Des garçons que j'ai élevés comme des princes... Ils viennent me voir en cachette parce que ces personnes ne me supportent pas... Il paraît que je suis rabat-joie... Elles, elles ne pensent qu'à elles. Elles veulent *s'exprimer*, comme elles disent... Est-ce que c'est l'affaire des femmes de *s'exprimer* ? Il y en a une, à tout bout de champ, elle met la radio et elle danse...
— Vous ne vous êtes jamais exprimée, vous ?
— Je ne sais même pas ce que ça veut dire.
— Elles n'ont pas de mère, ces belles-filles, pour les gourmander ?
— Si, elles font comme moi, elles pleurent. Mais elles se taisent... Elles ne veulent pas se brouiller.
— Elles pleurent parce que leurs filles ne font pas la vaisselle ?
— Parce que tout ça fait des ménages boiteux, où les hommes deviennent comme des chiffes, et puis, un jour, ils se révoltent contre les femmes et ils deviennent homosexuels.
— Vous êtes obsédée... Vos fils ont de bons métiers ?

— Pas mal. L'un est dans l'hôtellerie, l'autre dans la mécanique industrielle. Ils gagnent bien... De bons garçons qui m'ont toujours obéi au doigt et à l'œil... Leur père n'était pas beaucoup là, vu ses occupations. C'est moi qui commandais, et ça roulait, je vous le dis ! Jamais une mauvaise note, jamais un mauvais geste, comme les gamins d'aujourd'hui qui tueraient père et mère... Mais les épouses qu'ils se sont choisies malgré mes avertissements les ont castrés, comme font toutes les femmes aujourd'hui. Ah, pauvre France !

※ V

En conclusion :
ce qui a changé,
ce qui peut encore changer...

J'ai sous les yeux une enquête de l'IFOP sur la vie des Françaises, réalisée en 1961 :

• *Dans les foyers à petits salaires, on se plaint d'abord parce qu'il faut « se priver de tout ».*

Le niveau de vie s'est beaucoup élevé depuis cette date, mais les besoins et les aspirations aussi, de sorte que la frustration demeure.

• *Chez les mères de famille, en 1961, le souci de l'enfant est prioritaire : ses études, sa santé, son avenir.*

Vingt-cinq ans après, le souci de l'enfant est toujours prioritaire ; il s'est fait plus lancinant, parce que l'avenir est plus incertain. Mais on prive facilement ses enfants de leur père par le divorce.

• *En 1961, parmi les femmes dites « inactives », on souffre d'un sentiment d'isolement. Elles étaient alors beaucoup plus nombreuses que les femmes actives.*

Aujourd'hui, le sentiment de solitude, quand il s'exprime, est relatif à l'absence de compagnon. Mais, sur ce point, les femmes sont devenues très difficiles !

• *En 1961, le souci prioritaire des célibataires est de trouver un mari.*

Aujourd'hui, ce n'est plus l'objectif des jeunes filles et des jeunes femmes. Plus on s'élève dans l'échelle sociale, plus elles veulent faire des études et réussir d'abord une vie professionnelle. Le fantasme du « grand amour » avec un prince charmant n'a pas disparu, mais, pour la promotion sociale, lorsqu'elles y aspirent, c'est sur leurs propres forces qu'elles comptent.

• *En 1961, la plus vive des préoccupations, entre quinze et quarante-cinq ans, c'est la peur de la grossesse non désirée. Pour soi, le cas échéant ; et pour sa fille.*

Aujourd'hui, cette angoisse permanente s'est dissipée. L'insécurité économique a pris sa place, surtout parmi les femmes inactives.

En conclusion : ce qui a changé...

Fondamentalement, ce qui a changé en ce dernier quart de siècle, c'est la représentation que les femmes se font d'elles-mêmes. La confiance en soi, si mal assurée autrefois, qui leur est venue. Tout se passe comme si les nouvelles générations avaient évacué hors du champ proprement féminin le sentiment d'infériorité et le doute de soi qui, à travers les âges, étaient inculqués aux filles avec l'art de coudre et celui de cuisiner.

Elles croyaient à l'image d'elles que la société véhiculait : bécasses émotives avant de tourner viragos.

Cela est vrai aussi des générations précédentes — les 25-50 ans —, mais celles-ci ont eu à combattre pour s'affirmer à leurs propres yeux. Pour les plus jeunes, en revanche, tout est acquis. Ce qui leur donne souvent ce comportement désinvolte, décontracté, effronté, qui désarçonne parfois leurs aînées, lesquelles sont beaucoup moins sûres que ces « acquis » soient irréversibles.

Les plus jeunes ont l'impression qu'un abîme les sépare de leur propre mère. Elles n'imaginent pas leur vie sans activité professionnelle : « C'est la liberté ! » Elles ont une grande curiosité pour les techniques modernes, auxquelles elles s'adaptent très vite. Elles ont intégré la précarité comme une dimension du travail. Le mariage ? « C'est pour plus tard. » Une première expérience vers dix-sept ans ; ensuite, c'est comme ça vient. Les hommes ? « Il en faut. On fera avec. »

Le féminisme ? Euh... Comme beaucoup de Françaises, les plus jeunes pratiquent le féminisme sans le savoir : un féminisme individuel, en quelque sorte, pas dogmatique, vécu à la maison, au bureau, au magasin, à l'usine. Mais elles n'ont pas le goût des actions collectives et sont très peu syndiquées[1]. Chacune se bat pour soi, chez soi. La conscience politique, chez elles, est encore faible.

Les jeunes femmes sont sentimentales, voire romantiques, comme leurs mères. Elles lisent les magazines nourris d'histoires d'amour. Mais la version moderne du rêve, c'est le *top model*. Être Claudia Schiffer, aaah ! Et, à tout hasard, elles s'éreintent en se faisant maigrir. Quelques-unes, du moins.

Les hommes, elles les regardent surtout lorsqu'elles sont en groupe, à la manière des hommes quand ils regardent les « nanas » : comme des biens de consommation. Elles les plaisantent, les taquinent. Certains reculent, épouvantés ; alors elles rient...

Mais elles aiment le discours et les gestes de l'amour et semblent avoir conclu que c'est encore ce qu'il y a de plus agréable à faire avec les hommes. Pour simplifier, on dira qu'elles veulent égaler les hommes sur le terrain professionnel et surtout jouir de la même liberté, mais qu'elles ne veulent pas les perdre comme compagnons de vie. Dans leurs propos sur les hommes, on ne trouve pas trace d'acrimonie.

Pour toutes, le fait que certaines femmes aient accédé à de hauts postes dans tous les secteurs de la société, ou aient accompli des exploits sportifs jusque-là réservés aux hommes, n'offre pas un modèle qu'elles se voient

---

1. Cependant, la moitié des syndiqués à la CFDT sont des femmes.

En conclusion : ce qui a changé...

prêtes à imiter. C'est plutôt un réconfort, la preuve que tout est possible aux femmes, et elles en tirent à la fois de la fierté et de l'optimisme. La conviction que cela continuera et ira même plus loin.

La chute de l'éducation religieuse a largement contribué à dissiper les prédispositions à la culpabilité et à la résignation qui ont si longtemps fait le fond de l'éducation des filles, leur passivité. La culpabilité ne subsiste qu'à l'égard des enfants.

Parce qu'elles ont désormais confiance en leurs capacités d'assurer elles-mêmes leur subsistance, les épouses ne se résignent plus aux mauvais maris, aux violents, aux rustres qui les négligent, à ceux qui n'ont pas d'oreilles pour les écouter, par exemple. Un mariage sur trois s'achève par un divorce. 76 % des divorces sont demandés par les femmes, principalement dans les classes modestes. Elles sont même devenues *intolérantes*. Individualistes au point de faire passer leur recherche du bonheur personnel avant tout. Immense changement !

Avant d'avoir conquis les moyens de leur indépendance, les femmes subissaient. Et, subissant, elles geignaient. La geignarde qui vous bassine avec le récit de ses accouchements, l'énumération de ses ennuis domestiques et l'énoncé des turpitudes de son mari, est en voie de disparition. Cela n'empêche pas certaines d'avoir quelquefois mal au ventre. Mais les progrès de la médecine, le soin qu'elles prennent d'elles-mêmes — elles sont les plus grosses consommatrices de consultations médicales —, les médicaments modernes, les modifications psychologiques dont elles sont le théâtre, ont pratiquement éliminé les geignardes. On gémit moins : on se soigne. Quelquefois, on prend aussi des tranquillisants.

Tout cela constitue un grand changement dans la relation que l'on a avec son corps. On l'entretient : vers 25-30 ans, on se met à la gymnastique, à la danse (les filles abandonnent le sport en terminale, même lorsqu'elles y excellent), on le nourrit soigneusement, on s'efforce de ne pas grossir, on soigne sa peau, ses cheveux, ses dents. (Les progrès de la dentisterie ont été foudroyants.) Résultat : des femmes de soixante ans ont des allures de jeunes filles, et la femme « laide » est en voie d'extinction.

Le soin que l'on prend de soi est évidemment corrélé avec le revenu. C'est l'une des grandes injustices qui séparent les femmes...

Ce corps, on le veut heureux. Entre la crainte de la maternité et l'insouciance ou l'égoïsme des hommes, le corps féminin n'était pas vraiment gâté. Et voilà que cela s'est su, au terme d'une longue dissimulation...

La chasse à l'orgasme s'est ouverte ! Si cela se vendait, les marchands auraient fait fortune... En ce domaine, il faut prendre les chiffres avec précaution. Mais toutes les informations que l'on peut recueillir sur la vie sexuelle des Françaises convergent : ça va beaucoup mieux, et même de mieux en mieux ! 80 % d'entre elles se déclarent satisfaites de leur partenaire du moment sur ce point particulier, même si, de temps à autre, la « petite mort » n'est pas au rendez-vous. Pour qualifier les hommes, elles déclarent majoritairement : « Ils sont gentils... »

En conclusion : ce qui a changé...

C'est dans leur opinion sur la sexualité et sur l'amour qu'une antique différence perdure, tout en s'estompant chez les plus jeunes. On est d'accord pour déclarer que : *la fidélité est essentielle pour le bonheur du couple* (hommes : 89 % ; femmes : 90 %). Mais *on peut avoir des relations sexuelles avec quelqu'un sans l'aimer* (hommes : 64 % ; femmes : 36 %) ; *au cours de son mariage, un homme peut avoir quelques aventures* (hommes : 43 % ; femmes : 30 %) ; *au cours de son mariage, une femme peut avoir quelques aventures* (hommes : 39 % ; femmes : 27 %)[1].

La fidélité a la cote : 44 % des femmes en font la principale condition pour qu'un amour dure (et 38 % des hommes). Plus on est jeune, plus on en est persuadé. Quand on leur demande de désigner, parmi quelques couples connus, celui ou ceux qui incarnent le mieux l'idéal de fidélité dans l'amour, qu'ils jugent essentiel, 30 % choisissent Simone Signoret et Yves Montand. Ce n'est pas mal vu : par-delà les frasques de Montand, ces deux-là étaient vraiment soudés. Ils citent aussi Roméo et Juliette : mais allez savoir où ceux-ci en auraient été à l'âge de quarante ans... Enfin, une petite poignée choisit Beauvoir et Sartre, et il est vrai qu'ils furent unis par une sorte de fidélité supérieure, transcendant leurs amours contingentes...

On reste tout de même perplexe devant cet hymne à la fidélité quand on le compare aux réalités de la vie actuelle telles que chacun peut les observer. Mais il paraît

---

1. Sondage IFOP, 1996.

clair qu'il traduit, chez les unes et chez les autres, un intense désir de sécurité affective et de réussite dans leur vie privée.

Au total : une population féminine plus sûre d'elle-même qu'elle ne l'a jamais été. Plus sûre d'elle parce que plus instruite, où l'accès aux responsabilités paraît ouvert dès lors qu'on les cherche. Une population dont la base ouvrière, durement frappée par le chômage qui a détruit beaucoup de couples, va en rétrécissant, tandis que gonfle une classe moyenne dont les éléments modestes — de l'institutrice à la secrétaire en passant par l'infirmière et une cohorte d'employées — sont scandaleusement sous-payés. Une population où, aux échelons supérieurs, d'éclatantes réussites n'empêchent pas une permanente inégalité des salaires et la présence d'un invisible verrou à la toute dernière porte du pouvoir.

Sur le plan quotidien, la vie des Françaises actives est harassante dès qu'elles ont un ou deux enfants, *a fortiori* trois : manque de sommeil chronique, angoisse d'être absente à la moindre varicelle, impossibilité de surveiller les plus grands. La demande d'une meilleure organisation du travail est lancinante.

La jeune mère épanouie ne court pas les rues parmi les femmes actives. Vit-elle en couple, elle cumule tâches professionnelles et domestiques. Serait-elle secondée — ce qui, on l'a vu, est très rare —, c'est elle qui doit « penser à tout ». Les maris et compagnons sont néanmoins plus coopératifs et éduqués que ne l'étaient leurs pères : ils « aident », comme ils disent, et font volontiers la cuisine. On a envie de dire aux jeunes filles : « Choisissez un compagnon de vie dont la mère a travaillé, ne

En conclusion : ce qui a changé...

lui a jamais apporté son petit déjeuner au lit, lui a appris à faire des œufs sur le plat et des nouilles qui ne collent pas, à recoudre un bouton, à repasser, n'a jamais été, en un mot, *à son service*. Être un bon mari, pour une femme d'aujourd'hui, ça s'apprend tout petit... »

Cependant, il faut oser dire que les femmes sont ambiguës pour ce qui concerne le foyer, lieu de leur pouvoir ancestral, comme elles le sont vis-à-vis du pouvoir exercé sur les enfants. Elles sont rarement disposées à le partager vraiment.

Reste qu'elles assument pratiquement seules, aujourd'hui, tout le suivi des études des enfants, et que c'est lourd. Elles courent derrière le temps. Si bien que les pratiques sportives, culturelles, de loisirs restent encore fortement masculines.

Que nous confirme encore notre enquête ? Un grand désir de foyer, de famille, d'enfant quand on approche les trente ans (ce sont en fait les séquences de la vie qui ont changé en même temps que celle-ci s'est allongée), mais une effrayante promptitude à larguer mari ou compagnon dès le premier accrochage sérieux. Une certaine mélancolie dans la solitude des grandes villes, mais : « Je ne voudrais plus d'un homme à la maison. » Pourtant la brève aventure ne satisfait pas les esseulées.

« L'antique contrat qui distinguait les hommes et les femmes par la différence de leur sphère d'action, la hiérarchie des valeurs, la spécialisation des pouvoirs, est tombé en désuétude sans qu'un nouveau contrat ait vraiment pris forme[1]. » Les hommes s'interrogent sur leur

---

1. Irène Théry, *op. cit.*

identité, les femmes sentent confusément qu'il faut inventer ensemble pour que le besoin que chacun a de l'autre s'inscrive dans une nouvelle forme de coexistence, s'ancre dans de nouveaux repères... Le sûr, c'est que rien ne sera jamais plus « comme avant ».

L'évolution des femmes depuis trente ans a été fulgurante. On peut observer la même dans tous les pays développés, avec des différences propres à la culture de chacun. Ailleurs, elles mènent en maints lieux un combat courageux (Algérie), désespéré (en Afghanistan), difficile (partout) pour être reconnues comme des êtres humains. En France, il convient d'examiner les sondages et les analyses en gardant à l'esprit que la société n'est pas figée. Les générations se succèdent : générations de femmes, mais aussi d'hommes. Même si la France vieillit globalement, le poids relatif des plus jeunes est toujours porteur de changement.

Non figée, la société féminine est aussi diverse, ne serait-ce que par son niveau d'instruction. Là, le progrès est spectaculaire, même s'il est encore insuffisant.

Enfin, comme toutes les sociétés, la société française se présente comme une pyramide : base large, pointe étroite, et, entre les deux, échelons différents. D'où l'arbitraire de toutes les généralisations concernant les Françaises.

Cependant, comme toujours, et comme on l'a vu dans notre prologue, c'est dans la classe dominante que naissent les « modèles ». Peut-on dire que la classe qui donne le ton, dans la France d'aujourd'hui, est la bour-

En conclusion : ce qui a changé...

geoisie ? ... Le bourgeois est celui qui, traditionnellement, vit de ses revenus, du produit de ses entreprises. Longtemps, ce fut un rentier. Aujourd'hui, 90 % des Français sont des salariés.

Au-dessus du lot, en nombre mince, quelques détenteurs de grosses fortunes constituent un clan, une puissance, mais relativement isolée du reste de la population. D'ailleurs, elle s'en protège.

S'étage ensuite une moyenne bourgeoisie, les professions libérales, les moyens entrepreneurs : classe aux contours flous à laquelle l'ascenseur social fait accéder, par l'instruction, les enfants les plus doués de la petite bourgeoisie, de loin la plus nombreuse. Mais les frontières sont de plus en plus imprécises, même si, subtilement, elles demeurent.

Non, la bourgeoisie avec un grand B n'est plus ce qu'elle était au début du siècle : dominatrice, triomphante, à son apogée après avoir lancé ses techniques commerciales, scientifiques, financières et industrielles à la conquête du monde. Elle est immergée dans une marée montante de techniciens. Elle ne fait plus « modèle ». On ne la brocarde même plus. Ceux qui se livrent encore à ce sport sont eux-mêmes des bourgeois. Elle est encore attachée à ses valeurs : la propriété, l'argent, l'ordre, mais quoi encore ?

Néanmoins, héritées de la bourgeoisie triomphante, des mœurs se sont transmises, des modes d'éducation... On fait faire de l'équitation aux enfants, de la musique, et ceci, et cela ; on a certaines manières, quelquefois un soupçon d'affectation dans le ton, la voix... Mais l'habillement s'est uniformisé, la possession d'une voiture s'est généralisée, les résidences secondaires se multiplient, châteaux ou cabanes où l'on se rue pour le week-end ; on voyage dès qu'on le peut à l'étranger, et du haut en bas de la pyramide sociale on passe le même temps devant les mêmes programmes de télévision !

Tout cela pour dire que la vraie bourgeoisie n'est plus un phare, seulement une petite lumière qui clignote, la classe étroite des salariés supérieurs. Supérieurs par leurs revenus (7 % des ménages ont des revenus dépassant les 24 000 francs par mois) et le plus souvent par leurs diplômes.

Les femmes de cette classe sont presque toutes dans la vie active, et, en ce sens, on peut dire qu'elles en ont entraîné beaucoup, y compris leurs propres filles. Le « modèle » français d'aujourd'hui est une femme mariée ou remariée qui a sa voiture personnelle, une belle situation dans un métier de préférence prestigieux, deux enfants qui font de bonnes études dans une école privée (je regrette de le dire !), qui passe ses vacances d'hiver à la montagne, ses vacances d'été dans la maison de Corse ou de Bretagne — cependant que les enfants, eux, vont trois semaines en Angleterre, voire aux États-Unis.

Il va de soi qu'une immense majorité de femmes en est loin. Mais, si les dieux nous protègent — et, avec eux, la croissance économique —, en une génération, beaucoup de progrès seront encore accomplis.

Un retour en arrière, un *back-lash*, comme on dit, peut-il se produire ? Maintenant que la masse des femmes s'est ébranlée, dans ce cas, elles se battraient à mort... Mais l'Histoire nous apprend qu'il faut se montrer

En conclusion : ce qui a changé...

prudent dans de tels pronostics. Après tout, Napoléon a surgi là où on ne l'attendait pas...

Il ne faut pas sous-estimer la pression qui s'exerce dans certains milieux en vue de séduire des électrices potentielles par la perspective du « retour à la maison ». Le « salaire maternel », plébiscité par ceux qui trouveraient bon de voir les Françaises rétribuées par l'État pour rester chez elles, constituerait une formidable sucette. La vie est si dure, quelquefois... On a calculé que, sur la base du SMIC, une telle mesure absorberait la totalité de l'impôt sur le revenu, ce qui rend hautement improbable son application par un gouvernement conséquent. Mais il faut compter avec les démagogues, ceux qu'inspirent les méthodes des dictatures des années trente qui hissèrent les mères sur le pavois comme on met les poules à couver... En URSS, ce fut plus simple : quand on compara le prix de revient des crèches, cruellement absentes, et le coût d'un salaire maternel sur trois années, on choisit le salaire, sans trop demander leur avis aux intéressées...

Il faut aussi compter avec un courant d'opinion — même s'il est faiblement alimenté — qui rend l'activité des femmes responsable de la dénatalité.

Bref, le *back-lash* peut se produire...

Il peut prendre la forme suédoise, c'est-à-dire une variante du socialisme. En Suède, sept femmes sur dix travaillent, mais trois sur quatre sont fonctionnaires, donc au service des autres, de la collectivité. Elles gardent les enfants, prodiguent les soins aux vieillards, sont employées dans des services de santé ou d'éducation qui permettent le travail à temps partiel à celles qui le désirent. Ainsi, toute la sphère sociale et familiale est-elle gérée par des femmes sous la houlette de trois femmes ministres : Solidarité, Santé, Travail. En revanche, les grands portefeuilles sont toujours entre les mains des hommes. Plus généralement, les fonctions de direction sont loin d'être conquises, de même, bien entendu, que le pouvoir économique où elles ne se sont pas insérées. Tout se passe comme si le féminisme suédois avait, d'une certaine façon, reconstitué sur un mode collectif l'antique clivage entre sphère féminine et sphère masculine, entre rôles dévolus à chacun des sexes. Certes, les femmes ne remplissent plus leurs rôles féminins au bénéfice d'un mari ; mais le nouveau *pater familias*, c'est l'État. Elles ont « cassé » le pouvoir des hommes dans la sphère privée où ils doivent accomplir toutes les tâches maternelles et ménagères aussi bien que les femmes, et, de surcroît, accepter de se faire draguer. Elles se plaignent d'ailleurs que les hommes soient devenus « mous » ; elles n'ont pas « cassé » leur domination de fait dans les grandes sphères de décision qui commandent à l'activité du pays.

Cela étant, « hommes mous » mis à part, elles se disent plutôt satisfaites de leur système social, même si quelques insurgées dénoncent son orientation. Son principal défaut : il est hors de prix. Il n'y a pas au monde de contribuable plus amer que le contribuable suédois.

Un système égalitariste analogue, que l'on a le droit de tenir pour un progrès, pourrait-il voir le jour en France ? À courte vue, non. À plus longue vue, allez savoir si l'Europe ira vers plus ou moins d'intervention étatique dans la vie des citoyens...

En conclusion : ce qui a changé...

L'antipode de l'étatisme, c'est le libéralisme. Il n'est pas inintéressant d'observer comment il se manifeste dans sa patrie d'origine, les États-Unis, pour ce qui concerne les femmes. Contrairement à une idée reçue, l'Amérique est dure envers ses femmes, tout comme les femmes y sont dures avec les hommes, ces « ennemis ». *Men are the ennemy*, professent les féministes radicales ; tous des oppresseurs auxquels il faut sans relâche faire payer le mal qu'ils font à leurs victimes, alors que la femme, elle, est un être supérieur. Mais, en attendant, les Américaines ne bénéficient pas de congés maternité, ni d'allocations familiales ou parentales, ni de crèches, ni d'écoles maternelles. Tout cela relève de la vie privée, l'État ne s'en mêle pas. Sauf dans un cas particulier : la femme seule, pauvre, chômeuse, avec des enfants. Celle-ci a droit à un revenu minimum, à des tickets d'alimentation, à un logement qu'elle perd si elle trouve ou retrouve du travail. Aussi n'en cherche-t-elle pas. (Même situation en Grande-Bretagne, malgré les objurgations de Tony Blair.)

À l'autre bout de l'échelle sociale, 10 à 15 % des Américaines font de véritables carrières, en compétition féroce et souvent victorieuse avec les hommes, dirigent de grandes compagnies, occupent des postes importants — le ministre des Affaires étrangères du président Clinton est une femme — et gagnent beaucoup d'argent, ce qui leur donne quelques facilités pour se faire servir...

Au milieu, une grande masse de femmes se débattent comme elles peuvent entre leur travail et leur vie familiale. Les plus jeunes sont lasses de la guerre des sexes, récusent le féminisme radical qui a perdu beaucoup de terrain, et aspirent à des réalisations concrètes : celles qui les aideraient à mieux élever les enfants qu'elles ont envie d'avoir. Mais, alors que Bill Clinton avait promis l'institution de l'assurance-maladie et d'une vraie protection sociale, projet élaboré par sa femme Hillary, il a dû reculer devant l'hostilité d'un Congrès à majorité conservatrice.

Où l'on voit qu'il n'y a pas de pays miracle et que la France, ni égalitariste ni libérale, ne s'en sort pas trop mal, même s'il y a encore beaucoup à faire, en particulier dans l'organisation du travail, pour que les femmes respirent un peu. Ou on s'y attellera sérieusement, ou nous serons menacés par le « retour à la maison » subventionné, avec ses effets pervers : l'apparition d'une fracture au sein de la société des femmes avec, d'une part, un large groupe inactif, déqualifié, commis à la reproduction et à l'élevage, et, d'autre part, une sorte d'aristocratie féminine engagée toujours plus avant dans la conquête des places.

C'est le premier scénario possible.

Il y en a un second. Il peut se dérouler dans x années. Le problème de la natalité est réglé par le clonage humain. Les hommes ont reculé sur tous les fronts. Partout le pouvoir leur est tombé des mains, les équipes gouvernementales sont peuplées de femmes, les grands postes politiques leur sont revenus, et il en va ainsi dans tous les pays développés. Que font les hommes qui sont restés malins, créatifs, plus imaginatifs ou plus entreprenants que les femmes ? Ceux qui ont gardé les vertus masculines de maîtrise de soi, de volonté de se surpasser, de goût du risque et du défi ? À partir d'innovations tech-

En conclusion : ce qui a changé...

niques encore inconnues de nos jours, voire insoupçonnables, ils inventent de nouvelles activités, de nouveaux métiers aussi bouleversants pour la société que l'a été l'informatique (laquelle a déjà échappé aux femmes dans ses aspects sophistiqués : à elles le clavier, à eux la haute technologie !).

Ces nouvelles activités, non encore imaginées ni même concevables, les hommes les monopolisent. Ça commencera peut-être sur la planète Mars. Ils en ferment l'accès aux femmes absorbées dans leurs affaires, ils en font des oasis, des citadelles de pouvoir. Parce que le pouvoir, demain, sera d'ordre technique. Quand on leur demandera : « Et qu'est-ce que vous faites de la politique ? », ils répondront : « La politique ? Mais c'est un métier de femmes ! Complètement dévalorisé ! »

Scénario impensable ? Dans la grande lutte moderne pour abolir l'asymétrie universelle entre les sexes, il ne faut pas sous-estimer un certain génie masculin, une faculté de concevoir l'utopie et parfois de la réaliser, ce que les hommes charrient dans leur sang et qui n'est pas simplement une risible prétention à la supériorité. Quelque chose qui leur vient du fond des âges : la volonté de pouvoir.

Non, ils ne vont pas éternellement laisser couler le temps sans chercher à créer de nouveaux pôles de domination.

Telle sera, peut-être, l'Histoire de demain.

VI

Annexes

Ventilation des réponses aux questions du sondage par âge, profession, catégorie d'agglomération, proximité politique, statut marital, nombre d'enfants.

Les désirs prioritaires des femmes - En premier

	Ensemble	Vivre une bonne relation de couple	Avoir des enfants et le temps de vous en occuper	Avoir le temps de faire ce qui vous intéresse	Réussir votre vie professionnelle	NSP
Ensemble	100 %	41 %	37 %	12 %	10 %	
ÂGE						
MOINS DE 35 ANS	100 %	38 %	31 %	11 %	20 %	
15 - 24 ans	100 %	29 %	27 %	15 %	29 %	
25 - 34 ans	100 %	48 %	34 %	7 %	10 %	
35 ANS ET PLUS	100 %	42 %	40 %	13 %	5 %	
35 - 49 ans	100 %	47 %	34 %	13 %	6 %	
50 - 64 ans	100 %	45 %	37 %	12 %	5 %	1 %
65 ANS ET PLUS	100 %	34 %	50 %	12 %	4 %	
PROFESSION DE L'INTERVIEWÉE						
Active	100 %	43 %	36 %	12 %	9 %	
Profession lib. cadre sup./prof. interm.	100 %	35 %	44 %	17 %	4 %	
Employée	100 %	49 %	30 %	10 %	10 %	
Ouvrière	100 %	36 %	49 %	3 %	12 %	
Inactive	100 %	40 %	37 %	12 %	11 %	
Retraitée	100 %	42 %	40 %	14 %	3 %	1 %
Autre inactive	100 %	38 %	36 %	11 %	15 %	
CATÉGORIE D'AGGLOMÉRATION						
Communes rurales	100 %	41 %	43 %	8 %	8 %	
Communes urbaines de province	100 %	41 %	35 %	13 %	11 %	
Agglomération parisienne	100 %	41 %	31 %	16 %	11 %	1 %

LES FRANÇAISES

PROXIMITÉ POLITIQUE						
TOTAL GAUCHE	100 %	32 %	40 %	14 %	14 %	
Parti socialiste	100 %	36 %	36 %	14 %	14 %	
Écologiste	100 %	47 %	30 %	11 %	12 %	
TOTAL DROITE	100 %	50 %	36 %	7 %	7 %	
UDF/RPR	100 %	51 %	39 %	7 %	4 %	
Front national	100 %	46 %	25 %	7 %	22 %	
Sans sympathie partisane	100 %	39 %	36 %	18 %	6 %	1 %
STATUT MARITAL						
Célibataire	100 %	24 %	25 %	21 %	30 %	1 %
Mariée	100 %	49 %	42 %	7 %	3 %	
Vivant maritalement	100 %	54 %	26 %	11 %	9 %	
Divorcée, séparée	100 %	32 %	36 %	28 %	4 %	
Veuve	100 %	28 %	48 %	14 %	10 %	
NOMBRE D'ENFANTS						
Femmes ayant au moins un enfant	100 %	46 %	41 %	10 %	4 %	
Un enfant	100 %	60 %	28 %	8 %	4 %	
Deux enfants	100 %	42 %	46 %	10 %	2 %	
Trois enfants ou plus	100 %	41 %	43 %	11 %	6 %	
Aucun enfant	100 %	32 %	29 %	17 %	22 %	

Annexes

Les désirs prioritaires des femmes - Au global

	Ensemble	Vivre une bonne relation de couple	Avoir des enfants et le temps de vous en occuper	Avoir le temps de faire ce qui vous intéresse	Réussir votre vie professionnelle	NSP
Ensemble	100 %	72 %	69 %	32 %	26 %	
ÂGE						
MOINS DE 35 ANS	100 %	65 %	60 %	33 %	43 %	
15 - 24 ans	100 %	52 %	47 %	43 %	58 %	
25 - 34 ans	100 %	77 %	72 %	23 %	28 %	
35 ANS ET PLUS	100 %	77 %	73 %	32 %	16 %	
35 - 49 ans	100 %	81 %	71 %	34 %	15 %	
50 - 64 ans	100 %	76 %	75 %	28 %	17 %	1 %
65 ANS ET PLUS	100 %	72 %	75 %	34 %	16 %	
PROFESSION DE L'INTERVIEWÉE						
Active	100 %	76 %	69 %	31 %	24 %	
Profession lib. cadre sup./prof. interm.	100 %	71 %	72 %	37 %	19 %	
Employée	100 %	81 %	67 %	24 %	26 %	
Ouvrière	100 %	75 %	81 %	25 %	19 %	
Inactive	100 %	70 %	68 %	33 %	27 %	
Retraitée	100 %	72 %	74 %	34 %	16 %	1 %
Autre inactive	100 %	68 %	65 %	33 %	33 %	
CATÉGORIE D'AGGLOMÉRATION						
Communes rurales	100 %	77 %	76 %	23 %	24 %	
Communes urbaines de province	100 %	71 %	70 %	31 %	26 %	
Agglomération parisienne	100 %	69 %	51 %	48 %	28 %	1 %

LES FRANÇAISES

PROXIMITÉ POLITIQUE						
TOTAL GAUCHE	100 %	65 %	64 %	39 %	30 %	
Parti socialiste	100 %	66 %	62 %	41 %	30 %	
Écologiste	100 %	75 %	67 %	34 %	24 %	
TOTAL DROITE	100 %	80 %	74 %	27 %	19 %	
UDF/RPR	100 %	82 %	77 %	26 %	16 %	
Front national	100 %	72 %	63 %	34 %	31 %	
Sans sympathie partisane	100 %	72 %	70 %	26 %	29 %	1 %
STATUT MARITAL						
Célibataire	100 %	48 %	40 %	49 %	59 %	1 %
Mariée	100 %	82 %	83 %	22 %	13 %	
Vivant maritalement	100 %	85 %	64 %	32 %	20 %	
Divorcée, séparée	100 %	63 %	61 %	53 %	20 %	
Veuve	100 %	65 %	69 %	36 %	27 %	
NOMBRE D'ENFANTS						
Femmes ayant au moins un enfant	100 %	79 %	79 %	26 %	15 %	
Un enfant	100 %	87 %	73 %	21 %	18 %	
Deux enfants	100 %	79 %	81 %	27 %	10 %	
Trois enfants ou plus	100 %	75 %	80 %	27 %	19 %	
Aucun enfant	100 %	59 %	49 %	45 %	45 %	

Annexes

Les femmes et leur situation amoureuse

	Ensemble	Vous avez un compagnon et vous vous sentez très amoureuse de lui	Vous n'avez pas de compagnon et vous ne souhaitez pas particulièrement en trouver un	Vous avez un compagnon mais vous n'avez pas encore rencontré l'« homme de votre vie »	Vous n'avez pas de compagnon et vous cherchez à en rencontrer un	NSP
Ensemble	100 %	64 %	17 %	9 %	6 %	4 %
ÂGE							
MOINS DE 35 ANS	100 %	62 %	12 %	13 %	14 %	
15 - 24 ans	100 %	45 %	16 %	19 %	21 %	
25 - 34 ans	100 %	78 %	8 %	7 %	7 %	
35 ANS ET PLUS	100 %	66 %	20 %	7 %	2 %	5 %
35 - 49 ans	100 %	78 %	5 %	13 %	1 %	3 %
50 - 64 ans	100 %	78 %	14 %	2 %	2 %	4 %
65 ANS ET PLUS	100 %	41 %	45 %	3 %	2 %	10 %
PROFESSION DE L'INTERVIEWÉE							
Active	100 %	75 %	10 %	10 %	3 %	2 %
Profession lib. cadre sup./prof. interm.	100 %	82 %	9 %	8 %	2 %	
Employée	100 %	77 %	12 %	5 %	5 %	1 %
Ouvrière	100 %	68 %	9 %	23 %		
Inactive	100 %	55 %	23 %	8 %	9 %	5 %
Retraitée	100 %	57 %	28 %	3 %	3 %	9 %
Autre inactive	100 %	54 %	21 %	11 %	12 %	3 %
CATÉGORIE D'AGGLOMÉRATION							
Communes rurales	100 %	76 %	7 %	5 %	8 %	4 %
Communes urbaines de province	100 %	63 %	20 %	9 %	5 %	4 %
Agglomération parisienne	100 %	53 %	24 %	13 %	8 %	2 %

LES FRANÇAISES

PROXIMITÉ POLITIQUE							
TOTAL GAUCHE	100 %	59 %	21 %	10 %	7 %	3 %
Parti socialiste	100 %	59 %	22 %	11 %	6 %	2 %
Écologiste	100 %	64 %	14 %	11 %	7 %	4 %
TOTAL DROITE	100 %	72 %	15 %	6 %	5 %	2 %
UDF/RPR	100 %	74 %	14 %	5 %	5 %	3 %
Front national	100 %	64 %	19 %	14 %	3 %	
Sans sympathie partisane	100 %	62 %	16 %	9 %	6 %	7 %
STATUT MARITAL							
Célibataire	100 %	27 %	26 %	20 %	23 %	3 %
Mariée	100 %	91 %	1 %	4 %	1 %	3 %
Vivant maritalement	100 %	90 %	2 %	8 %		
Divorcée, séparée	100 %	20 %	45 %	23 %	8 %	3 %
Veuve	100 %	5 %	80 %		3 %	12 %
NOMBRE D'ENFANTS							
Femmes ayant au moins un enfant	100 %	74 %	14 %	7 %	2 %	2 %
Un enfant	100 %	64 %	20 %	11 %	3 %	2 %
Deux enfants	100 %	80 %	10 %	6 %	1 %	2 %
Trois enfants ou plus	100 %	74 %	15 %	6 %	2 %	21 %
Aucun enfant	100 %	45 %	23 %	12 %	14 %	6 %

Annexes

Ce que les femmes attendent le plus d'un compagnon de vie

	Ensemble	Se sentir aimée	Fonder une famille	Se sentir protégée	Stabiliser un foyer	Ne plus se sentir seule	Satisfaire des désirs sexuels	S'assurer un revenu financier	NSP
Ensemble	100 %	32 % %	31 % %	11 % %	11 % %	11 % %	1 % %	%	3 %
ÂGE									
MOINS DE 35 ANS	100 %	36 %	39 %	8 %	12 %	4 %	1 %		
15 - 24 ans	100 %	39 %	34 %	11 %	10 %	5 %	1 %		
25 - 34 ans	100 %	32 %	44 %	5 %	14 %	3 %	1 %		
35 ANS ET PLUS	100 %	29 %	26 %	13 %	11 %	14 %	1 %	1 %	5 %
35 - 49 ans	100 %	38 %	35 %	7 %	10 %	7 %	2 %	1 %	
50 - 64 ans	100 %	24 %	25 %	16 %	16 %	14 %			5 %
65 ANS ET PLUS	100 %	24 %	16 %	19 %	6 %	23 %	1 %	1 %	10 %
PROFESSION DE L'INTERVIEWÉE									
Active	100 %	32 %	37 %	8 %	12 %	8 %	2 %		1 %
Profession lib. cadre sup./prof. interm.	100 %	41 %	41 %	4 %	10 %	2 %	3 %		
Employée	100 %	32 %	41 %	7 %	11 %	6 %		1 %	2 %
Ouvrière	100 %	15 %	34 %	9 %	22 %	17 %	3 %		
Inactive	100 %	31 %	25 %	14 %	10 %	13 %	1 %		5 %
Retraitée	100 %	28 %	17 %	18 %	9 %	21 %	1 %		7 %
Autre inactive	100 %	33 %	29 %	13 %	11 %	9 %	1 %	1 %	4 %
CATÉGORIE D'AGGLOMÉRATION									
Communes rurales	100 %	33 %	36 %	5 %	13 %	10 %	1 %		1 %
Communes urbaines de province	100 %	29 %	30 %	15 %	11 %	10 %	1 %		4 %
Agglomération parisienne	100 %	40 %	25 %	8 %	9 %	12 %	1 %	1 %	3 %

LES FRANÇAISES

\multicolumn{10}{	c	}{PROXIMITÉ POLITIQUE}
TOTAL GAUCHE	100 %	32 %	28 %	10 %	12 %	14 %	2 %	1 %	2 %
Parti socialiste	100 %	35 %	27 %	10 %	13 %	10 %	1 %	1 %	3 %
Écologiste	100 %	39 %	29 %	11 %	11 %	6 %	1 %	2 %	1 %
TOTAL DROITE	100 %	33 %	34 %	13 %	9 %	8 %	1 %		3 %
UDF/RPR	100 %	32 %	35 %	14 %	10 %	5 %			3 %
Front national	100 %	37 %	30 %	6 %	5 %	19 %	4 %		
Sans sympathie partisane	100 %	23 %	31 %	14 %	13 %	13 %			7 %
\multicolumn{10}{	c	}{STATUT MARITAL}
Célibataire	100 %	36 %	31 %	8 %	8 %	10 %	2 %	1 %	5 %
Mariée	100 %	27 %	36 %	11 %	16 %	7 %	1 %		2 %
Vivant maritalement	100 %	37 %	36 %	12 %	11 %	3 %			
Divorcée, séparée	100 %	54 %	4 %	13 %		26 %	3 %		
Veuve	100 %	29 %	13 %	17 %	2 %	29 %			11 %
\multicolumn{10}{	c	}{NOMBRE D'ENFANTS}
Femmes ayant au moins un enfant	100 %	29 %	30 %	13 %	13 %	10 %	1 %		3 %
Un enfant	100 %	31 %	23 %	11 %	16 %	14 %			5 %
Deux enfants	100 %	33 %	32 %	11 %	10 %	9 %	2 %	1 %	1 %
Trois enfants ou plus	100 %	25 %	33 %	15 %	15 %	10 %	1 %		3 %
Aucun enfant	100 %	36 %	31 %	9 %	7 %	11 %	1 %	1 %	4 %

Annexes

La famille comme condition essentielle pour vivre heureux

	Ensemble	Oui	Non	NSP
Ensemble	100 %	73 %	26 %	1 %
ÂGE				
MOINS DE 35 ANS	100 %	69 %	30 %	1 %
15 - 24 ans	100 %	63 %	37 %	
25 - 34 ans	100 %	74 %	24 %	2 %
35 ANS ET PLUS	100 %	75 %	24 %	1 %
35 - 49 ans	100 %	70 %	30 %	
50 - 64 ans	100 %	78 %	22 %	1 %
65 ANS ET PLUS	100 %	80 %	18 %	2 %
PROFESSION DE L'INTERVIEWÉE				
Active	100 %	69 %	30 %	
Profession lib. cadre sup./prof. interm.	100 %	61 %	39 %	
Employée	100 %	70 %	29 %	1 %
Ouvrière	100 %	79 %	21 %	
Inactive	100 %	76 %	22 %	1 %
Retraitée	100 %	80 %	18 %	2 %
Autre inactive	100 %	74 %	25 %	1 %
CATÉGORIE D'AGGLOMÉRATION				
Communes rurales	100 %	80 %	20 %	1 %
Communes urbaines de province	100 %	72 %	27 %	1 %
Agglomération parisienne	100 %	65 %	34 %	1 %
PROXIMITÉ POLITIQUE				
TOTAL GAUCHE	100 %	66 %	34 %	
Parti socialiste	100 %	67 %	33 %	
Écologiste	100 %	73 %	26 %	1 %
TOTAL DROITE	100 %	79 %	20 %	1 %
UDF/RPR	100 %	80 %	19 %	1 %
Front national	100 %	76 %	24 %	
Sans sympathie partisane	100 %	77 %	20 %	3 %

LES FRANÇAISES

STATUT MARITAL				
Célibataire	100 %	58 %	41 %	1 %
Mariée	100 %	80 %	20 %	
Vivant maritalement	100 %	66 %	34 %	
Divorcée, séparée	100 %	73 %	27 %	
Veuve	100 %	82 %	15 %	4 %
NOMBRE D'ENFANTS				
Femmes ayant au moins un enfant	100 %	77 %	22 %	1 %
Un enfant	100 %	78 %	21 %	1 %
Deux enfants	100 %	79 %	21 %	1 %
Trois enfants ou plus	100 %	75 %	24 %	1 %
Aucun enfant	100 %	65 %	34 %	1 %

Annexes

L'incidence du sida sur la vie amoureuse

	Ensemble	TOTAL oui	Oui, beaucoup	Oui, plutôt	TOTAL non	Non, plutôt pas	Non, pas du tout	NSP
Ensemble	100 %	17 %	7 %	10 %	82 %	11 %	71 %	1 %
ÂGE									
MOINS DE 35 ANS	100 %	31 %	12 %	19 %	68 %	18 %	50 %	1 %
15 - 24 ans	100 %	37 %	20 %	17 %	62 %	23 %	39 %	1 %
25 - 34 ans	100 %	26 %	5 %	21 %	74 %	13 %	61 %	
35 ANS ET PLUS	100 %	9 %	4 %	5 %	90 %	8 %	82 %	2 %
35 - 49 ans	100 %	11 %	5 %	6 %	89 %	11 %	78 %	
50 - 64 ans	100 %	8 %	4 %	5 %	92 %	9 %	83 %	
65 ANS ET PLUS	100 %	6 %	2 %	4 %	88 %	2 %	86 %	6 %
PROFESSION DE L'INTERVIEWÉE									
Active	100 %	16 %	7 %	9 %	84 %	16 %	68 %	1 %
Profession lib. cadre sup./prof. interm.	100 %	22 %	6 %	16 %	78 %	20 %	58 %	
Employée	100 %	15 %	8 %	8 %	85 %	13 %	71 %	
Ouvrière	100 %	9 %	9 %		88 %	17 %	71 %	3 %
Inactive	100 %	17 %	7 %	11 %	80 %	7 %	73 %	2 %
Retraitée	100 %	8 %	3 %	5 %	89 %	4 %	85 %	4 %
Autre inactive	100 %	23 %	9 %	14 %	76 %	10 %	66 %	2 %
CATÉGORIE D'AGGLOMÉRATION									
Communes rurales	100 %	12 %	3 %	9 %	87 %	9 %	78 %	1 %
Communes urbaines de province	100 %	16 %	6 %	10 %	82 %	12 %	70 %	2 %
Agglomération parisienne	100 %	25 %	15 %	10 %	75 %	13 %	62 %	

LES FRANÇAISES

			PROXIMITÉ POLITIQUE					
TOTAL GAUCHE	100 %	19 %	8 %	12 %	80 %	13 %	67 %	1 %
Parti socialiste	100 %	18 %	6 %	12 %	81 %	13 %	69 %	1 %
Écologiste	100 %	16 %	8 %	9 %	84 %	14 %	70 %	
TOTAL DROITE	100 %	15 %	6 %	9 %	84 %	8 %	76 %	1 %
UDF/RPR	100 %	14 %	5 %	9 %	85 %	8 %	77 %	1 %
Front national	100 %	20 %	10 %	10 %	80 %	10 %	70 %	
Sans sympathie partisane	100 %	14 %	5 %	8 %	82 %	11 %	71 %	4 %
			STATUT MARITAL					
Célibataire	100 %	43 %	17 %	26 %	55 %	20 %	35 %	2 %
Mariée	100 %	6 %	2 %	3 %	94 %	7 %	87 %	
Vivant maritalement	100 %	12 %	3 %	9 %	86 %	15 %	71 %	2 %
Divorcée, séparée	100 %	29 %	21 %	9 %	66 %	26 %	41 %	4 %
Veuve	100 %	13 %	4 %	9 %	82 %	2 %	80 %	6 %
			NOMBRE D'ENFANTS					
Femmes ayant au moins un enfant	100 %	10 %	4 %	6 %	89 %	7 %	82 %	1 %
Un enfant	100 %	16 %	4 %	12 %	84 %	10 %	74 %	
Deux enfants	100 %	13 %	6 %	7 %	87 %	9 %	77 %	1 %
Trois enfants ou plus	100 %	4 %	3 %	1 %	94 %	3 %	91 %	2 %
Aucun enfant	100 %	29 %	11 %	17 %	69 %	19 %	49 %	2 %

Annexes

Le degré de satisfaction du métier exercé

	Ensemble	TOTAL satisfaite	Très satisfaite	Plutôt satisfaite	TOTAL Pas satisfaite	Plutôt pas satisfaite	Pas du tout satisfaite	NSP
Ensemble	100 %	86 %	36 %	49 %	12 %	7 %	5 %	2 %
ÂGE							
MOINS DE 35 ANS	100 %	88 %	43 %	44 %	12 %	4 %	8 %	
15 - 24 ans	100 %	87 %	26 %	61 %	13 %		13 %	
25 - 34 ans	100 %	88 %	48 %	40 %	12 %	5 %	7 %	
35 ANS ET PLUS	100 %	85 %	32 %	53 %	12 %	9 %	3 %	3 %
35 - 49 ans	100 %	86 %	34 %	52 %	14 %	10 %	4 %	
50 - 64 ans	100 %	86 %	29 %	57 %	7 %	7 %		7 %
PROFESSION DE L'INTERVIEWÉE							
Profession lib. cadre sup./Prof. interm.	100 %	97 %	51 %	47 %	3 %	1 %	1 %	
Employée	100 %	84 %	34 %	50 %	13 %	8 %	5 %	3 %
Ouvrière	100 %	73 %	13 %	60 %	23 %	4 %	18 %	5 %
CATÉGORIE D'AGGLOMÉRATION							
Communes rurales	100 %	88 %	32 %	56 %	10 %	5 %	5 %	2 %
Communes urbaines de province	100 %	83 %	39 %	45 %	15 %	8 %	7 %	2 %
Agglomération parisienne	100 %	89 %	36 %	53 %	8 %	7 %	2 %	2 %
PROXIMITÉ POLITIQUE							
TOTAL GAUCHE	100 %	89 %	37 %	52 %	11 %	8 %	2 %	
Parti socialiste	100 %	89 %	40 %	49 %	11 %	8 %	3 %	
Écologiste	100 %	87 %	34 %	53 %	10 %		10 %	3 %
TOTAL DROITE	100 %	92 %	46 %	46 %	8 %	5 %	3 %	
UDF/RPR	100 %	92 %	45 %	47 %	8 %	6 %	2 %	
Front national	100 %	92 %	50 %	42 %	8 %		8 %	
Sans sympathie partisane	100 %	68 %	21 %	47 %	23 %	12 %	11 %	8 %

LES FRANÇAISES

	STATUT MARITAL							
Célibataire	100 %	89 %	45 %	44 %	8 %		8 %	3 %
Mariée	100 %	91 %	43 %	48 %	8 %	5 %	4 %	1 %
Vivant maritalement	100 %	74 %	24 %	50 %	24 %	14 %	10 %	2 %
Divorcée, séparée	100 %	90 %	22 %	68 %	10 %	10 %		
Veuve	100 %	73 %	12 %	61 %	14 %	14 %		13 %
	NOMBRE D'ENFANTS							
Femmes ayant au moins un enfant	100 %	83 %	34 %	49 %	15 %	9 %	6 %	2 %
Un enfant	100 %	77 %	28 %	48 %	23 %	14 %	10 %	
Deux enfants	100 %	84 %	28 %	56 %	14 %	7 %	6 %	3 %
Trois enfants ou plus	100 %	86 %	46 %	40 %	11 %	9 %	2 %	3 %
Aucun enfant	100 %	95 %	45 %	50 %	4 %		4 %	2 %

Annexes

La propension à cesser de travailler si les femmes ont le choix financièrement

	Ensemble	TOTAL Oui	Oui, certainement	Oui, probablement	TOTAL Non	Non, probablement	Non, certainement	NSP
Ensemble	100 %	58 %	35 %	23 %	41 %	21 %	20 %	1 %
ÂGE									
MOINS DE 35 ANS	100 %	48 %	30 %	18 %	52 %	24 %	28 %	
15 - 24 ans	100 %	42 %	22 %	21 %	58 %	21 %	37 %	
25 - 34 ans	100 %	50 %	32 %	18 %	50 %	25 %	26 %	
35 ANS ET PLUS	100 %	65 %	38 %	26 %	34 %	19 %	15 %	2 %
35 - 49 ans	100 %	65 %	39 %	25 %	34 %	24 %	11 %	1 %
50 - 64 ans	100 %	65 %	37 %	28 %	35 %	9 %	25 %	
PROFESSION DE L'INTERVIEWÉE									
Profession lib. cadre sup./prof. interm.	100 %	57 %	41 %	16 %	43 %	23 %	20 %	
Employée	100 %	57 %	34 %	23 %	43 %	20 %	23 %	
Ouvrière	100 %	68 %	35 %	32 %	29 %	20 %	8 %	3 %
CATÉGORIE D'AGGLOMÉRATION									
Communes rurales	100 %	66 %	38 %	28 %	33 %	22 %	11 %	2 %
Communes urbaines de province	100 %	58 %	35 %	23 %	41 %	18 %	24 %	1 %
Agglomération parisienne	100 %	49 %	31 %	17 %	51 %	29 %	22 %	
PROXIMITÉ POLITIQUE									
TOTAL GAUCHE	100 %	61 %	39 %	22 %	39 %	17 %	22 %	
Parti socialiste	100 %	58 %	34 %	24 %	42 %	18 %	24 %	
Écologiste	100 %	56 %	30 %	26 %	44 %	25 %	19 %	
TOTAL DROITE	100 %	61 %	38 %	23 %	38 %	17 %	20 %	2 %
UDF/RPR	100 %	63 %	37 %	26 %	35 %	18 %	18 %	2 %
Front national	100 %	51 %	41 %	10 %	49 %	16 %	33 %	
Sans sympathie partisane	100 %	48 %	26 %	23 %	49 %	33 %	16 %	3 %

LES FRANÇAISES

STATUT MARITAL									
Célibataire	100 %	31 %	13 %	18 %	69 %	34 %	35 %	
Mariée	100 %	63 %	38 %	26 %	36 %	18 %	18 %	1 %
Vivant maritalement	100 %	59 %	40 %	19 %	39 %	21 %	17 %	2 %
Divorcée, séparée	100 %	51 %	37 %	14 %	49 %	30 %	19 %	
Veuve	100 %	81 %	41 %	40 %	19 %		19 %	
NOMBRE D'ENFANTS									
Femmes ayant au moins un enfant	100 %	64 %	40 %	24 %	35 %	20 %	15 %	1 %
Un enfant	100 %	70 %	42 %	28 %	30 %	12 %	18 %	
Deux enfants	100 %	61 %	40 %	21 %	39 %	24 %	15 %	
Trois enfants ou plus	100 %	63 %	39 %	24 %	33 %	20 %	13 %	4 %
Aucun enfant	100 %	41 %	20 %	22 %	59 %	25 %	34 %	

Annexes

Le sentiment d'oppression des femmes - Dans leur vie privée

	Ensemble	TOTAL Oui	Oui, tout à fait	Oui, plutôt	TOTAL Non	Non, plutôt pas	Non, pas du tout	NSP
Ensemble	100 %	6 %	2 %	4 %	93 %	13 %	79 %	2 %
ÂGE									
MOINS DE 35 ANS	100 %	6 %	2 %	3 %	93 %	19 %	74 %	1 %
15 - 24 ans	100 %	7 %	1 %	6 %	92 %	28 %	64 %	1 %
25 - 34 ans	100 %	5 %	4 %	1 %	95 %	11 %	84 %	1 %
35 ANS ET PLUS	100 %	6 %	2 %	4 %	92 %	10 %	82 %	2 %
35 - 49 ans	100 %	7 %	2 %	4 %	90 %	13 %	78 %	3 %
50 - 64 ans	100 %	6 %	2 %	4 %	92 %	11 %	82 %	2%
65 ANS ET PLUS	100 %	5 %	1 %	4 %	44 %	5 %	89 %	1 %
PROFESSION DE L'INTERVIEWÉE									
Active	100 %	7 %	3 %	4 %	90 %	12 %	78 %	3
Profession lib. cadre sup./prof. interm.	100 %	1 %	1 %		99 %	10 %	88 %	
Employée	100 %	6 %	3 %	3 %	93 %	13 %	80 %	1 %
Ouvrière	100 %	8 %	3 %	5 %	86 %	14 %	72 %	6 %
Inactive	100 %	5 %	1 %	4 %	94 %	14 %	80 %	1 %
Retraitée	100 %	6 %	1 %	5 %	93 %	7 %	86 %	1 %
Autre inactive	100 %	4 %	1 %	3 %	95 %	18 %	77 %	1 %
CATÉGORIE D'AGGLOMÉRATION									
Communes rurales	100 %	7 %	3 %	4 %	92 %	13 %	79 %	1 %
Communes urbaines de province	100 %	5 %	2 %	4 %	92 %	14 %	78 %	3 %
Agglomération parisienne	100 %	5 %	1 %	4 %	95 %	9 %	85 %	

LES FRANÇAISES

PROXIMITÉ POLITIQUE									
TOTAL GAUCHE	100 %	4 %		4 %	95 %	15 %	80 %	1 %
Parti socialiste	100 %	2 %		2 %	97 %	16 %	81 %	1 %
Écologiste	100 %	8 %	6 %	2 %	92 %	9 %	83 %	
TOTAL DROITE	100 %	6 %	1 %	4 %	93 %	12 %	81 %	1 %
UDF/RPR	100 %	6 %	1 %	5 %	94 %	10 %	83 %	1 %
Front national	100 %	6 %	3 %	3 %	92 %	22 %	70 %	3 %
Sans sympathie partisane	100 %	7 %	3 %	4 %	87 %	14 %	73 %	6 %
STATUT MARITAL									
Célibataire	100 %	4 %		4 %	93 %	28 %	65 %	3 %
Mariée	100 %	5 %	2 %	3 %	94 %	9 %	85 %	1 %
Vivant maritalement	100 %	9 %	4 %	6 %	86 %	9 %	77 %	5 %
Divorcée, séparée	100 %	17 %	6 %	11 %	83 %	13 %	70 %	
Veuve	100 %	6 %	2 %	4 %	94 %	5 %	90 %	
NOMBRE D'ENFANTS									
Femmes ayant au moins un enfant	100 %	6 %	2 %	4 %	93 %	10 %	83 %	1 %
Un enfant	100 %	8 %		8 %	92 %	8 %	84 %	
Deux enfants	100 %	5 %	2 %	2 %	95 %	11 %	84 %	1 %
Trois enfants ou plus	100 %	5 %	3 %	2 %	93 %	11 %	82 %	2 %
Aucun enfant	100 %	6 %	2 %	4 %	91 %	19 %	72 %	3 %

Annexes

Le sentiment d'oppression des femmes - Dans leur vie professionnelle

	Ensemble	TOTAL Oui	Oui, tout à fait	Oui, plutôt	TOTAL Non	Non, plutôt pas	Non, pas du tout	NSP
Ensemble	100 %	12 %	3 %	9 %	86 %	13 %	73 %	2 %
ÂGE								
MOINS DE 35 ANS	100 %	14 %	4 %	9 %	84 %	15 %	69 %	2 %
15 - 24 ans	100 %	22 %	5 %	17 %	74 %	20 %	54 %	5 %
25 - 34 ans	100 %	12 %	4 %	8 %	87 %	14 %	73 %	1 %
35 ANS ET PLUS	100 %	11 %	2 %	9 %	87 %	12 %	75 %	2 %
35 - 49 ans	100 %	13 %	3 %	10 %	86 %	10 %	75 %	1 %
50 - 64 ans	100 %	7 %		7 %	93 %	16 %	77 %	
PROFESSION DE L'INTERVIEWÉE								
Profession lib. cadre sup./prof. interm.	100 %	11 %	1 %	10 %	89 %	6 %	82 %	
Employée	100 %	10 %	3 %	8 %	87 %	16 %	71 %	2 %
Ouvrière	100 %	12 %	3 %	9 %	85 %	8 %	77 %	3 %
CATÉGORIE D'AGGLOMÉRATION								
Communes rurales	100 %	15 %	2 %	13 %	85 %	18 %	67 %	
Communes urbaines de province	100 %	11 %	3 %	7 %	87 %	12 %	74 %	3 %
Agglomération parisienne	100 %	14 %	4 %	10 %	84 %	10 %	75 %	2 %
PROXIMITÉ POLITIQUE								
TOTAL GAUCHE	100 %	12 %	3 %	9 %	87 %	14 %	73 %	1 %
Parti socialiste	100 %	14 %	3 %	11 %	85 %	12 %	73 %	1 %
Écologiste	100 %	17 %	7 %	10 %	83 %	14 %	69 %	
TOTAL DROITE	100 %	7 %	1 %	6 %	91 %	9 %	83 %	1 %
UDF/RPR	100 %	5 %		5 %	95 %	8 %	86 %	
Front national	100 %	17 %	8 %	9 %	75 %	10 %	65 %	8 %
Sans sympathie partisane	100 %	18 %	2 %	15 %	77 %	18 %	59 %	5 %

STATUT MARITAL								
Célibataire	100 %	18 %	3 %	15 %	79 %	24 %	55 %	3 %
Mariée	100 %	9 %	2 %	7 %	89 %	11 %	79 %	2 %
Vivant maritalement	100 %	18 %	7 %	11 %	80 %	10 %	70 %	2 %
Divorcée, séparée	100 %	12 %	6 %	7 %	88 %	19 %	69 %	
Veuve	100 %	11 %		11 %	89 %	19 %	70 %	
NOMBRE D'ENFANTS								
Femmes ayant au moins un enfant	100 %	10 %	2 %	8 %	88 %	10 %	78 %	2 %
Un enfant	100 %	16 %		16 %	84 %	8 %	77 %	
Deux enfants	100 %	11 %	2 %	8 %	88 %	6 %	82 %	1 %
Trois enfants ou plus	100 %	5 %	4 %	1 %	91 %	16 %	74 %	4 %
Aucun enfant	100 %	18 %	5 %	13 %	80 %	24 %	56 %	1 %

Annexes

**L'identité des femmes par rapport aux hommes
Total Plus indispensable**

	Ensemble	Avoir une vie de couple	Réussir sa vie professionnelle	Se sentir libre sexuellement	Avoir un emploi	Avoir des loisirs
Ensemble	100 %	16 %	13 %	11 %	11 %	10 %
ÂGE						
MOINS DE 35 ANS	100 %	16 %	18 %	14 %	13 %	10 %
15 - 24 ans	100 %	17 %	25 %	18 %	14 %	16 %
25 - 34 ans	100 %	15 %	12 %	11 %	12 %	4 %
35 ANS ET PLUS	100 %	15 %	10 %	9 %	10 %	10 %
35 - 49 ans	100 %	17 %	14 %	10 %	11 %	12 %
50 - 64 ans	100 %	16 %	8 %	6 %	9 %	9 %
65 ANS ET PLUS	100 %	13 %	6 %	11 %	9 %	9 %
PROFESSION DE L'INTERVIEWÉE						
Active	100 %	15 %	12 %	12 %	13 %	9 %
Profession lib. cadre sup./prof. interm.	100 %	3 %	4 %	7 %	5 %	2 %
Employée	100 %	17 %	16 %	11 %	15 %	10 %
Ouvrière	100 %	23 %	14 %	21 %	18 %	14 %
Inactive	100 %	16 %	13 %	10 %	10 %	11 %
Retraitée	100 %	14 %	7 %	9 %	8 %	5 %
Autre inactive	100 %	17 %	17 %	11 %	10 %	14 %
CATÉGORIE D'AGGLOMÉRATION						
Communes rurales	100 %	12 %	10 %	7 %	8 %	5 %
Communes urbaines de province	100 %	18 %	14 %	13 %	14 %	13 %
Agglomération parisienne	100 %	13 %	12 %	10 %	6 %	8 %

LES FRANÇAISES

PROXIMITÉ POLITIQUE						
TOTAL GAUCHE	100 %	13 %	13 %	14 %	12 %	10 %
Parti socialiste	100 %	14 %	13 %	15 %	12 %	11 %
Écologiste	100 %	20 %	11 %	11 %	13 %	7 %
TOTAL DROITE	100 %	13 %	12 %	8 %	8 %	8 %
UDF/RPR	100 %	14 %	9 %	7 %	6 %	6 %
Front national	100 %	9 %	27 %	13 %	17 %	16 %
Sans sympathie partisane	100 %	21 %	15 %	9 %	11 %	15 %
STATUT MARITAL						
Célibataire	100 %	19 %	25 %	15 %	17 %	16 %
Mariée	100 %	15 %	9 %	9 %	9 %	9 %
Vivant maritalement	100 %	14 %	16 %	11 %	11 %	4 %
Divorcée, séparée	100 %	12 %	10 %	14 %	11 %	7 %
Veuve	100 %	18 %	5 %	13 %	10 %	10 %
NOMBRE D'ENFANTS						
Femmes ayant au moins un enfant	100 %	15 %	11 %	11 %	11 %	10 %
Un enfant	100 %	10 %	15 %	11 %	11 %	9 %
Deux enfants	100 %	16 %	7 %	9 %	10 %	7 %
Trois enfants ou plus	100 %	16 %	11 %	12 %	12 %	13 %
Aucun enfant	100 %	17 %	17 %	12 %	11 %	10 %

Annexes

**L'identité des femmes par rapport aux hommes
Total Aussi indispensable**

	Ensemble	Avoir des loisirs	Réussir sa vie professionnelle	Avoir un emploi	Avoir une vie de couple	Se sentir libre sexuellement
Ensemble	100 %	84 %	73 %	70 %	69 %	66 %
ÂGE						
MOINS DE 35 ANS	100 %	85 %	70 %	74 %	77 %	74 %
15 - 24 ans	100 %	82 %	68 %	76 %	74 %	74 %
25 - 34 ans	100 %	88 %	73 %	72 %	78 %	74 %
35 ANS ET PLUS	100 %	84 %	74 %	68 %	65 %	62 %
35 - 49 ans	100 %	85 %	70 %	72 %	70 %	77 %
50 - 64 ans	100 %	83 %	75 %	66 %	66 %	63 %
65 ANS ET PLUS	100 %	83 %	78 %	65 %	59 %	42 %
PROFESSION DE L'INTERVIEWÉE						
Active	100 %	85 %	73 %	71 %	71 %	73 %
Profession lib. cadre sup./prof. interm.	100 %	97 %	84 %	83 %	80 %	79 %
Employée	100 %	85 %	67 %	65 %	73 %	75 %
Ouvrière	100 %	75 %	67 %	62 %	62 %	57 %
Inactive	100 %	83 %	72 %	69 %	68 %	60 %
Retraitée	100 %	83 %	83 %	75 %	59 %	49 %
Autre inactive	100 %	83 %	67 %	66 %	72 %	67 %
CATÉGORIE D'AGGLOMÉRATION						
Communes rurales	100 %	90 %	77 %	67 %	75 %	73 %
Communes urbaines de province	100 %	80 %	69 %	67 %	66 %	63 %
Agglomération parisienne	100 %	89 %	77 %	84 %	72 %	67 %

LES FRANÇAISES

PROXIMITÉ POLITIQUE						
TOTAL GAUCHE	100 %	84 %	75 %	74 %	72 %	69 %
Parti socialiste	100 %	85 %	75 %	74 %	73 %	69 %
Écologiste	100 %	92 %	75 %	72 %	71 %	71 %
TOTAL DROITE	100 %	85 %	73 %	65 %	68 %	62 %
UDF/RPR	100 %	88 %	76 %	65 %	70 %	64 %
Front national	100 %	69 %	61 %	62 %	63 %	53 %
Sans sympathie partisane	100 %	77 %	66 %	70 %	65 %	63 %
STATUT MARITAL						
Célibataire	100 %	83 %	66 %	73 %	72 %	72 %
Mariée	100 %	85 %	74 %	68 %	74 %	67 %
Vivant maritalement	100 %	85 %	68 %	74 %	73 %	78 %
Divorcée, séparée	100 %	88 %	82 %	79 %	48 %	52 %
Veuve	100 %	81 %	78 %	63 %	53 %	44 %
NOMBRE D'ENFANTS						
Femmes ayant au moins un enfant	100 %	84 %	73 %	69 %	70 %	65 %
Un enfant	100 %	86 %	68 %	67 %	67 %	64 %
Deux enfants	100 %	85 %	75 %	72 %	72 %	67 %
Trois enfants ou plus	100 %	81 %	74 %	67 %	69 %	63 %
Aucun enfant	100 %	85 %	72 %	72 %	69 %	68 %

Annexes

**L'identité des femmes par rapport aux hommes
Total Moins indispensable**

	Ensemble	Avoir un emploi	Se sentir libre	Réussir sa vie professionnelle	Avoir une vie de couple	Avoir des loisirs
Ensemble	100 %	17 %	17 %	14 %	12 %	5 %
ÂGE						
MOINS DE 35 ANS	100 %	13 %	10 %	11 %	8 %	5 %
15 - 24 ans	100 %	10 %	8 %	7 %	8 %	2 %
25 - 34 ans	100 %	16 %	12 %	15 %	7 %	7 %
35 ANS ET PLUS	100 %	20 %	21 %	15 %	15 %	5 %
35 - 49 ans	100 %	17 %	10 %	16 %	12 %	3 %
50 - 64 ans	100 %	23 %	24 %	15 %	14 %	6 %
65 ANS ET PLUS	100 %	22 %	30 %	14 %	20 %	7 %
PROFESSION DE L'INTERVIEWÉE						
Active	100 %	16 %	12 %	15 %	12 %	5 %
Profession lib. cadre sup./prof. interm.	100 %	12 %	8 %	12 %	15 %	1 %
Employée	100 %	19 %	12 %	16 %	9 %	4 %
Ouvrière	100 %	20 %	20 %	19 %	12 %	11 %
Inactive	100 %	19 %	21 %	13 %	13 %	5 %
Retraitée	100 %	13 %	28 %	8 %	18 %	9 %
Autre inactive	100 %	22 %	17 %	15 %	10 %	3 %
CATÉGORIE D'AGGLOMÉRATION						
Communes rurales	100 %	24 %	13 %	12 %	8 %	4 %
Communes urbaines de province	100 %	17 %	19 %	16 %	14 %	6 %
Agglomération parisienne	100 %	10 %	15 %	10 %	13 %	2 %

LES FRANÇAISES

PROXIMITÉ POLITIQUE							
TOTAL GAUCHE	100 %	13 %	13 %	12 %	14 %	5 %
Parti socialiste	100 %	13 %	13 %	11 %	12 %	5 %
Écologiste	100 %	13 %	17 %	14 %	9 %	2 %
TOTAL DROITE	100 %	26 %	21 %	13 %	13 %	5 %
UDF/RPR	100 %	28 %	20 %	14 %	10 %	4 %
Front national	100 %	18 %	25 %	9 %	29 %	12 %
Sans sympathie partisane	100 %	15 %	17 %	19 %	10 %	7 %
STATUT MARITAL							
Célibataire	100 %	9 %	10 %	9 %	7 %	1 %
Mariée	100 %	21 %	19 %	16 %	9 %	5 %
Vivant maritalement	100 %	15 %	11 %	16 %	12 %	10 %
Divorcée, séparée	100 %	10 %	23 %	7 %	39 %	5 %
Veuve	100 %	21 %	26 %	13 %	23 %	9 %
NOMBRE D'ENFANTS							
Femmes ayant au moins un enfant	100 %	19 %	19 %	16 %	13 %	6 %
Un enfant	100 %	19 %	19 %	15 %	22 %	5 %
Deux enfants	100 %	17 %	19 %	17 %	11 %	7 %
Trois enfants ou plus	100 %	21 %	18 %	15 %	9 %	6 %
Aucun enfant	100 %	15 %	13 %	10 %	11 %	3 %

Annexes

La perception de la situation féminine - Plutôt résignée

	Ensemble	À la faible présence des femmes dans la vie politique	Aux différences de salaire entre les femmes et les hommes, à poste égal	Au harcèlement sexuel
Ensemble	100 %	11 %	7 %	2 %
ÂGE				
MOINS DE 35 ANS	100 %	12 %	8 %	3 %
15 - 24 ans	100 %	15 %	6 %	3 %
25 - 34 ans	100 %	10 %	10 %	3 %
35 ANS ET PLUS	100 %	11 %	7 %	2 %
35 - 49 ans	100 %	10 %	4 %	1 %
50 - 64 ans	100 %	5 %	9 %	2 %
65 ANS ET PLUS	100 %	17 %	7 %	3 %
PROFESSION DE L'INTERVIEWÉE				
Active	100 %	9 %	7 %	2 %
Profession lib. cadre sup./prof. interm.	100 %	12 %	2 %	2 %
Employée	100 %	8 %	9 %	1 %
Ouvrière	100 %	12 %	13 %	5 %
Inactive	100 %	13 %	7 %	3 %
Retraitée	100 %	16 %	5 %	3 %
Autre inactive	100 %	12 %	9 %	3 %
CATÉGORIE D'AGGLOMÉRATION				
Communes rurales	100 %	9 %	9 %	3 %
Communes urbaines de province	100 %	12 %	8 %	2 %
Agglomération parisienne	100 %	14 %	2 %	1 %

LES FRANÇAISES

PROXIMITÉ POLITIQUE			
TOTAL GAUCHE	100 %	14 %	7 %	3 %
Parti socialiste	100 %	15 %	8 %	1 %
Écologiste	100 %	6 %	3 %	4 %
TOTAL DROITE	100 %	12 %	10 %	2 %
UDF/RPR	100 %	12 %	12 %	2 %
Front national	100 %	10 %	2 %	3 %
Sans sympathie partisane	100 %	9 %	7 %	1 %
STATUT MARITAL			
Célibataire	100 %	13 %	8 %	3 %
Mariée	100 %	10 %	7 %	3 %
Vivant maritalement	100 %	9 %	4 %	
Divorcée, séparée	100 %	19 %	3 %	4 %
Veuve	100 %	12 %	13 %	2 %
NOMBRE D'ENFANTS			
Femmes ayant au moins un enfant	100 %	11 %	7 %	2 %
Un enfant	100 %	10 %	9 %	
Deux enfants	100 %	10 %	5 %	1 %
Trois enfants ou plus	100 %	12 %	8 %	4 %
Aucun enfant	100 %	13 %	7 %	3 %

Annexes

La perception de la situation féminine - Plutôt indifférente

	Ensemble	À la faible présence des femmes dans la vie politique	Au harcèlement sexuel	Aux différences de salaire entre les femmes et les hommes, à poste égal
Ensemble	100 %	50 %	14 %	14 %
ÂGE					
MOINS DE 35 ANS	100 %	57 %	16 %	16 %
15 - 24 ans	100 %	48 %	16 %	16 %
25 - 34 ans	100 %	66 %	15 %	16 %
35 ANS ET PLUS	100 %	46 %	13 %	13 %
35 - 49 ans	100 %	49 %	9 %	14 %
50 - 64 ans	100 %	48 %	15 %	6 %
65 ANS ET PLUS	100 %	41 %	16 %	16 %
PROFESSION DE L'INTERVIEWÉE					
Active	100 %	55 %	12 %	15 %
Profession lib. cadre sup./prof. interm.	100 %	39 %	23 %	5 %
Employée	100 %	63 %	9 %	14 %
Ouvrière	100 %	61 %	9 %	25 %
Inactive	100 %	45 %	16 %	13 %
Retraitée	100 %	46 %	18 %	13 %
Autre inactive	100 %	45 %	15 %	13 %
CATÉGORIE D'AGGLOMÉRATION					
Communes rurales	100 %	56 %	8 %	18 %
Communes urbaines de province	100 %	49 %	14 %	12 %
Agglomération parisienne	100 %	45 %	22 %	13 %

LES FRANÇAISES

PROXIMITÉ POLITIQUE				
TOTAL GAUCHE	100 %	45 %	18 %	11 %
Parti socialiste	100 %	44 %	20 %	10 %
Écologiste	100 %	44 %	9 %	13 %
TOTAL DROITE	100 %	55 %	14 %	14 %
UDF/RPR	100 %	56 %	13 %	13 %
Front national	100 %	50 %	18 %	20 %
Sans sympathie partisane	100 %	56 %	10 %	18 %
STATUT MARITAL				
Célibataire	100 %	48 %	17 %	13 %
Mariée	100 %	52 %	11 %	12 %
Vivant maritalement	100 %	57 %	12 %	21 %
Divorcée, séparée	100 %	40 %	20 %	21 %
Veuve	100 %	40 %	20 %	12 %
NOMBRE D'ENFANTS				
Femmes ayant au moins un enfant	100 %	51 %	13 %	13 %
Un enfant	100 %	60 %	15 %	17 %
Deux enfants	100 %	51 %	12 %	12 %
Trois enfants ou plus	100 %	47 %	12 %	13 %
Aucun enfant	100 %	47 %	16 %	14 %

Annexes

La perception de la situation féminine - Plutôt révoltée

	Ensemble	Par le harcèlement sexuel	Par les différences de salaire entre les femmes et les hommes, à poste égal	Par la faible présence des femmes dans la vie politique
Ensemble	100 %	82 %	78 %	37 %
ÂGE				
MOINS DE 35 ANS	100 %	81 %	76 %	31 %
15 - 24 ans	100 %	81 %	78 %	37 %
25 - 34 ans	100 %	82 %	74 %	24 %
35 ANS ET PLUS	100 %	83 %	80 %	40 %
35 - 49 ans	100 %	89 %	82 %	39 %
50 - 64 ans	100 %	83 %	85 %	45 %
65 ANS ET PLUS	100 %	75 %	73 %	38 %
PROFESSION DE L'INTERVIEWÉE				
Active	100 %	86 %	78 %	34 %
Profession lib. cadre sup./prof. interm.	100 %	76 %	93 %	49 %
Employée	100 %	90 %	77 %	27 %
Ouvrière	100 %	83 %	62 %	24 %
Inactive	100 %	79 %	78 %	39 %
Retraitée	100 %	76 %	78 %	34 %
Autre inactive	100 %	80 %	78 %	41 %
CATÉGORIE D'AGGLOMÉRATION				
Communes rurales	100 %	88 %	72 %	33 %
Communes urbaines de province	100 %	82 %	79 %	38 %
Agglomération parisienne	100 %	75 %	84 %	39 %

LES FRANÇAISES

	PROXIMITÉ POLITIQUE			
TOTAL GAUCHE	100 %	78 %	82 %	40 %
Parti socialiste	100 %	77 %	82 %	40 %
Écologiste	100 %	87 %	84 %	49 %
TOTAL DROITE	100 %	82 %	75 %	32 %
UDF/RPR	100 %	83 %	74 %	30 %
Front national	100 %	79 %	78 %	40 %
Sans sympathie partisane	100 %	86 %	73 %	30 %
	STATUT MARITAL			
Célibataire	100 %	79 %	78 %	37 %
Mariée	100 %	85 %	81 %	37 %
Vivant maritalement	100 %	88 %	74 %	34 %
Divorcée, séparée	100 %	76 %	76 %	41 %
Veuve	100 %	72 %	72 %	38 %
	NOMBRE D'ENFANTS			
Femmes ayant au moins un enfant	100 %	84 %	78 %	37 %
Un enfant	100 %	82 %	74 %	30 %
Deux enfants	100 %	86 %	83 %	39 %
Trois enfants ou plus	100 %	82 %	76 %	38 %
Aucun enfant	100 %	79 %	78 %	37 %

Annexes

Le moyen de contraception utilisé

	Total	La pilule (seule)	Le stérilet	Le préservatif	La pilule et le préservatif	Un autre moyen de contraception	Les contraceptifs locaux	Aucun	NSP
Ensemble	100 %	26 %	10 %	5 %	5 %	2 %	1 %	51 %	
ÂGE									
MOINS DE 35 ANS	100 %	45 %	11 %	9 %	10 %	1 %		23 %	
15 - 24 ans	100 %	45 %	2 %	13 %	15 %			26 %	
25 - 34 ans	100 %	46 %	19 %	6 %	6 %	2 %	1 %	21 %	
35 ANS ET PLUS	100 %	16 %	10 %	3 %	2 %	2 %	1 %	66 %	
35 - 49 ans	100 %	35 %	21 %	4 %	4 %	4 %	2 %	28 %	1 %
50 - 64 ans	100 %	5 %	7 %	1 %		2 %		86 %	
65 ANS ET PLUS	100 %	2 %		3 %	1 %	1 %		93 %	
PROFESSION DE L'INTERVIEWÉE									
Active	100 %	35 %	19 %	4 %	3 %	3 %	1 %	35 %	1 %
Profession lib. cadre sup./prof. interm.	100 %	28 %	19 %	5 %	5 %	5 %	1 %	35 %	2 %
Employée	100 %	41 %	18 %	5 %	4 %	3 %	1 %	29 %	
Ouvrière	100 %	29 %	32 %					39 %	
Inactive	100 %	19 %	3 %	6 %	6 %	1 %		64 %	
Retraitée	100 %	4 %	1 %	4 %		1 %		91 %	
Autre inactive	100 %	27 %	4 %	7 %	10 %	1 %		50 %	
CATÉGORIE D'AGGLOMÉRATION									
Communes rurales	100 %	31 %	12 %	5 %	3 %	3 %	1 %	46 %	
Communes urbaines de province	100 %	23 %	10 %	5 %	6 %	1 %		55 %	
Agglomération parisienne	100 %	31 %	10 % %	6 %	4 %	4 %	1 %	45 %	

LES FRANÇAISES

PROXIMITÉ POLITIQUE									
TOTAL GAUCHE	100 %	31 %	10 %	4 %	6 %	3 %	1 %	44 %	
Parti socialiste	100 %	32 %	10 %	4 %	6 %	2 %	1 %	45 %	
Écologiste	100 %	23 %	14 %	5 %	5 %	1 %		51 %	
TOTAL DROITE	100 %	23 %	10 %	6 %	5 %	1 %	1 %	55 %	
UDF/RPR	100 %	22 %	11 %	5 %	2 %	1 %	1 %	58 %	
Front national	100 %	27 %	6 %	9 %	14 %	5 %		39 %	
Sans sympathie partisane	100 %	24 %	7 %	6 %	3 %	1 %		57 %	2 %
STATUT MARITAL									
Célibataire	100 %	39 %	1 %	13 %	17 %	1 %	1 %	28 %	
Mariée	100 %	21 %	16 %	3 %	1 %	2 %		56 %	1 %
Vivant maritalement	100 %	49 %	11 %	5 %	3 %	4 %		28 %	
Divorcée, séparée	100 %	15 %	11 %		4 %	3 %	3 %	64 %	
Veuve	100 %	3 %	2 %	3 %	2 %			89 %	
NOMBRE D'ENFANTS									
Femmes ayant au moins un enfant	100 %	21 %	15 %	3 %	1 %	2 %	1 %	56 %	
Un enfant	100 %	26 %	12 %	5 %	1 %	3 %		52 %	
Deux enfants	100 %	22 %	18 %	2 %	2 %	2 %	1 %	52 %	1 %
Trois enfants ou plus	100 %	17 %	14 %	3 %	1 %	2 %		62 %	
Aucun enfant	100 %	37 %	1 %	9 %	11 %	1 %		41 %	

Annexes

La fréquence de prise de tranquillisants

	Total	Très souvent	Parfois	Rarement	Jamais
Ensemble	100 %	6 %	9 %	9 %	76 %
ÂGE					
MOINS DE 35 ANS	100 %	1 %	8 %	7 %	84 %
15 - 24 ans	100 %	2 %	5 %	7 %	85 %
25 - 34 ans	100 %	1 %	11 %	7 %	82 %
35 ANS ET PLUS	100 %	9 %	10 %	10 %	72 %
35 - 49 ans	100 %	9 %	10 %	6 %	74 %
50 - 64 ans	100 %	11 %	10 %	4 %	75 %
65 ANS ET PLUS	100 %	6 %	9 %	20 %	65 %
PROFESSION DE L'INTERVIEWÉE					
Active	100 %	7 %	10 %	7 %	76 %
Profession lib. cadre sup./ prof. interm.	100 %	3 %	10 %	9 %	77 %
Employée	100 %	10 %	9 %	3 %	77 %
Ouvrière	100 %	6 %	8 %	17 %	68 %
Inactive	100 %	5 %	9 %	11 %	76 %
Retraitée	100 %	9 %	13 %	16 %	63 %
Autre inactive	100 %	3 %	6 %	8 %	83 %
CATÉGORIE D'AGGLOMÉRATION					
Communes rurales	100 %	6 %	8 %	9 %	77 %
Communes urbaines de province	100 %	6 %	8 %	10 %	76 %
Agglomération parisienne	100 %	6 %	14 %	6 %	75 %
PROXIMITÉ POLITIQUE					
TOTAL GAUCHE	100 %	6 %	11 %	8 %	75 %
Parti socialiste	100 %	6 %	11 %	9 %	74 %
Écologiste	100 %	7 %	12 %	5 %	76 %
TOTAL DROITE	100 %	6 %	8 %	9 %	77 %
UDF/RPR	100 %	5 %	9 %	9 %	78 %
Front national	100 %	12 %	8 %	10 %	70 %
Sans sympathie partisane	100 %	5 %	5 %	14 %	77 %

LES FRANÇAISES

STATUT MARTITAL					
Célibataire	100 %	5 %	6 %	8 %	81 %
Mariée	100 %	5 %	9 %	10 %	76 %
Vivant maritalement	100 %	7 %	11 %	1 %	80 %
Divorcée, séparée	100 %	10 %	9 %	6 %	75 %
Veuve	100 %	13 %	11 %	13 %	64 %
NOMBRE D'ENFANTS					
Femmes ayant au moins un enfant	100 %	7 %	9 %	10 %	73 %
Un enfant	100 %	5 %	14 %	14 %	67 %
Deux enfants	100 %	5 %	5 %	11 %	78 %
Trois enfants ou plus	100 %	10 %	11 %	7 %	72 %
Aucun enfant	100 %	4 %	9 %	6 %	81 %

BIBLIOGRAPHIE

En ce qui concerne le prologue, n'étant ni historienne ni sociologue, j'ai nourri mon savoir de celui des autres, c'est-à-dire :

Alain Decaux (*Histoire des Françaises*, Librairie académique Perrin, 1998), que je remercie tout particulièrement de sa bienveillance.

Georges Duveau, *La Vie ouvrière sous le Second Empire*.

Pierre Gaxotte, *Le Siècle de Louis XV*, Fayard, 1974.

Pierre Goubert, *Louis XIV et vingt millions de Français*, Fayard, 1991.

Paul Morand, *Isabeau de Bavière*.

Mona Ozouf, *Les Mots des femmes*, Fayard, 1995.

Régine Pernoud, *Les Gaulois*, Seuil, 1979 ; et *Histoire de la bourgeoisie en France*, Seuil, 1962.

Michèle Perrot, *Histoire des femmes*, sous la direction de Georges Duby, 5 tomes, Plon, 1990.

Évelyne Sullerot, *La Presse féminine* et *Histoire et sociologie du travail féminin*, Gonthier.

J'ai consulté d'autre part :

Les Femmes en France, 1985-1995, La Documentation française.

Françoise Forette, *La Révolution de la longévité*, Grasset, 1997.

Françoise Héritier, *Masculin-Féminin*, O. Jacob, 1996.

B. Majnoni d'Intignano, *Femmes, si vous saviez*, Fallois, 1996.

Louis Roussel, *La Famille incertaine*, Seuil, 1992.

Irène Théry, *Couple, filiation et parenté aujourd'hui*, O. Jacob, 1998.

TABLE

I.	PROLOGUE : De la Gauloise à la pilule	9
II.	QUELQUES INFORMATIONS DE BASE	91
	Qui sont les Françaises ?	93
	Que font-elles ?	95
	Comment sont-elles rétribuées ?	99
	Comment les foyers sont-ils équipés ?	101
	Celles qui sont au foyer	103
	Comment sont-elles logées ?	105
	Les hommes et les travaux domestiques ...	107
	Leur santé	109
	La famille est-elle en danger ?	113
	Faire de la politique	121
III.	L'ENQUÊTE DE L'IFOP	127
	Ce qui émerge d'une série d'entretiens	129
	Extraits des entretiens de l'IFOP	139
	Le sondage	169
	1. La hiérarchie des priorités	171
	2. Les femmes et la vie amoureuse	175
	3. Les femmes et leur situation professionnelle	183

301

       4. Les femmes par rapport aux hommes 187
       5. Consommation de tranquillisants et moyens de contraception 195

IV. Vingt portraits à bâtons rompus 197

V. En conclusion : ce qui a changé, ce qui peut encore changer 241

VI. Annexes 261